BEI GRIN MACHT SICH WISSEN BEZAHLT

Bibliografische Information der Deutschen Nationalbibliothek:

Die Deutsche Bibliothek verzeichnet diese Publikation in der Deutschen National-
bibliografie; detaillierte bibliografische Daten sind im Internet über http://dnb.d-
nb.de/ abrufbar.

Impressum:

Copyright © 2016 GRIN Verlag, Open Publishing GmbH
Druck und Bindung: Books on Demand GmbH, Norderstedt Germany
ISBN: 9783668316447

Dieses Buch bei GRIN:

http://www.grin.com/de/e-book/341852/die-glaeserne-decke-mythos-oder-realitaet-
in-den-koepfen

Aldona Giesbrecht

Die gläserne Decke. Mythos oder Realität in den Köpfen?

Warum immer noch so wenig Führungspositionen von Frauen besetzt sind

GRIN Verlag

Hochschule Kempten
Hochschule für angewandte Wissenschaften

Praxis- und
Researchprojekt

GLÄSERNE DECKE:

Mythos oder Realität in

den Köpfen?

hema erhalten am:

0.06.2016

RP abgegeben am: 29.07.2016

Verfasser:

Aldona Giesbrecht

Inhaltsverzeichnis

1. Einleitung

In einem Fischaquarium wurde im Rahmen eines wissenschaftlichen Experimentes eine Glaswand eingezogen. Die Fische gewöhnten sich daran, bis zu dieser Decke aus Glas zu schwimmen. Nach einiger Zeit wurde diese gläserne Decke wieder entfernt. Und obwohl es keine Grenze mehr gab, sind die Fische dennoch nie weiter geschwommen als davor. (vgl. Kühne-Eisendele 2006, S. 52) Gibt es sie, diese gläserne Decke, die Frauen zwar die Sicht nach oben zu den Führungsebenen frei lässt, welche aber sehr schwer zu durchzustoßen ist? Ist diese gläserne Decke vielleicht schon lange ein Mythos oder ist sie viel mehr eine Realität in den Köpfen von Männern und Frauen? Themen wie Frauenquote und Frauen in Führungspositionen sind in den Medien nach wie vor aktuell (vgl. Esser et al. 2016). Es gibt zahlreiche Foren, Veranstaltungen und von der Politik in Auftrag gegebene Studien zum Thema Frauen und Führung. Unter dem Begriff *gläserne Decke* werden Gründe, die für die Unterrepräsentanz an Frauen in Führungspositionen auschlaggebend sind, zusammengefasst. Diese Unterrepräsentanz ist nach wie vor so hoch, dass man im Hinblick auf die gläserne Decke schwerlich von Zufall sprechen kann (vgl. Busch-Heizmann et al. 2015, S. 3).

In der vorliegenden Arbeit wird die Frage erörtert, ob die gläserne Decke ein Mythos oder viel mehr doch Realität in den Köpfen ist. Zunächst wird die Bedeutung der Metapher *gläserne Decke* definiert und die Unterrepräsentanz von Frauen in Führungspositionen mittels Untersuchungen des Deutschen Institutes für Wirtschaftsforschung belegt. Im ersten Schritt werden anhand von Büchern, Broschüren und Zeitschriften Argumente, welche die gläserne Decke zum Mythos erklären, genannt. Der Fokus der Arbeit wird auf die einzelnen Ebenen und Ursachen, die die gläserne Decke zu Realität machen, gelegt. Unter Zuhilfenahme von Büchern und Broschüren zum Thema Führung und Frauen sowie aktuellen Studien und Untersuchungen werden drei Ebenen und mögliche Ursachen herausgearbeitet, aus welchen sich die gläserne Decke zusammensetzt. Als erste Ebene der gläsernen Decke werden die strukturellen, kulturellen und personellen Barrieren, welche Frauen den Weg in die Führungspositionen versperren, aufgezeigt und beschrieben. Als zweite Ebene werden die einzelnen Mentalitätsmuster in den Köpfen von drei verschiedenen Männertypen charakterisiert und erörtert. Als dritte Ebene der gläsernen Decke werden die Denkmuster und Barrieren in den Köpfen der Frauen behandelt. Nachfolgend wird aufgezeigt, wie gegen die gläserne Decke vorgegangen werden kann. Anschließend wird ein Fazit gezogen, abgeschlossen wird die Arbeit mit einem Ausblick.

2. Gläserne Decke, Zahlen und Fakten

Der Begriff *gläserne Decke* (eng. *glass ceiling)* wurde in den USA in den 1970er Jahren geprägt. 1986 beschrieb ein Artikel des Wall Street Journals die unsichtbaren Barrieren, die den Aufstieg der Frauen in die oberen Hierarchiestufen behindern. Dieser Artikel machte den Begriff gläserne Decke populär (vgl. Folini 2007, S. 13). Gläserne Decke beschreibt die Barriere zwischen dem mittleren und oberen Management von Unternehmen, die von Frauen kaum durchdringbar ist (vgl. Wirth 2001, zit. nach Folini 2007, S.13). Durch den Begriff *gläserne Decke* soll das Phänomen der Ausgrenzung der Frauen aus den Spitzenpositionen beschrieben werden. Gläserne Decke verdeutlicht bildhaft, dass Führungspositionen für Frauen zwar durchaus sichtbar sind, jedoch nur schwer bis gar nicht erreichbar (vgl. Arbeitspapiere des Projekts Frauen in Karriere 2010, S. 5). Die Bezeichnung gläserne Decke wird auch in der Finanzbranche und dem öffentlichen Dienst verwendet (vgl. Gedemu et al. 3 ff.). Da dies aber den Rahmen der vorliegenden Arbeit sprengen würde, wird im Folgenden die Problematik der gläsernen Decke lediglich im Hinblick auf die Privatwirtschaft erörtert

Das Deutsche Institut für Wirtschaftsforschung (DIW) hat, basierend auf den Ergebnissen des Sozio-ökonomischen Panels (SOEP), einen Überblick zu dem Stand und zu der Entwicklung von Frauen und Männern in Führungspositionen in den Jahren 2001 bis 2013 vorgelegt. Den Analysen lagen Mikrodaten des SOEP zugrunde, die nach Anwendung von Hochrechnungen und Gewichtungsfaktoren ein repräsentatives Bild für die Bevölkerung in den Privathaushalten bilden und so Rückschlüsse auf die Grundgesamtheit zulassen. Die Untersuchung ergibt folgende Ergebnisse:

„ Der Anteil von Frauen in den Vorständen der 200 größten Unternehmen in Deutschland betrug Ende 2014 **5,4** Prozent. Somit sind Frauen in Vorständen weiterhin eine Rarität. In den DAX-30-Unternehmen ist der Frauenanteil etwas höher, Ende 2014 nahmen dort jedoch auch nur **7,4** Prozent der Frauen einen Sitz im Vorstand ein. In Aufsichtsräten ist die Situation mit einem Frauenanteil von gut **18,4** Prozent besser. Dies steht im Zusammenhang mit den Mitbestimmungsregelungen in Deutschland: Arbeitnehmervertretungen entsenden gewöhnlich mehr Frauen als die Kapitalseite, letztere holt aber auf. " (Busch-Heizmann et al. 2015, S. 3).

Vor über 13 Jahren gab es eine Vereinbarung zur Förderung der Chancengleichheit von Frauen und Männern innerhalb der Privatwirtschaft zwischen der Bundesregierung und den Spitzenverbänden der Deutschen Wirtschaft. Doch bis heute hat sich nicht viel verändert:

Vorstände sind, wie die Zahlen belegen, nach wie vor männliche Monokulturen; denn die Dominanz von Männern in den Führungsgremien der Wirtschaft ist immer noch gravierend (vgl. Busch-Heizmann et al. 2015, S. 126).

3. Mythos

Obwohl hinreichend Zahlen und Fakten existieren, die eindeutig beweisen, dass nur wenige Frauen eine Führungsposition erreicht haben, wird die gläserne Decke dennoch teilweise zu einem Mythos erklärt. Laut Duden ist ein Mythos neben einer überlieferten Dichtung auch eine Sache „die (aus meist verschwommen, irrationalen Vorstellungen heraus) glorifiziert wird" (Duden online). Die Behauptung, die gläserne Decke sei ein Mythos, impliziert gleichzeitig, sie existiere nicht wirklich und sei ein aus einer Irrationalität entstandenes Phantasieprodukt. Es gibt Männer und Frauen, meist Gegner der so genannten Frauenquote, die die gläserne Decke zu einem Mythos erklären. Sie versuchen ihre Überzeugung, die gläserne Decke existiere nicht wirklich und sei nur ein Phantasieprodukt, mit verschiedenen Argumenten zu begründen.

3.1. Gleichberechtigung lässt keine gläserne Decke zu

Auch Christine Bauer-Jelinek – Wirtschaftscoach und Autorin – argumentiert gegen die gläserne Decke und spricht im Global View Magazin im Zusammenhang mit der gläsernen Decke von einem Mythos. Sie lehnt die Vorstellung, dass es tatsächlich eine Barriere gibt, die Frauen am Aufstieg in die Führungsposition hindert, entschieden ab. Da es Rechte gibt, die Frauen wahrnehmen können, kann von einer Chancengleichheit und Gleichberechtigung ausgegangen werden. Da die Gelichberechtigung für Männer und Frauen im Gesetz verankert ist, bedeutet es laut Frau Bauer-Jelinek gelichzeitig, dass dieses Gesetz automatisch auch in der Privatwirtschaft auf dem Weg in die höchsten Ebenen umgesetzt und gelebt wird (vgl. Bauer-Jelinek 2014, S. 12). Tatsächlich gibt es seit 1958 in der Bundesrepublik Deutschland das Geleichberechtigungsgesetz (vgl. Jahn. 4), doch selbst die Kanzlerin stellt fest: "[w]as die Gleichberechtigung betrifft, ist die Wirtschaft immer noch der geschlossenste Bereich der Gesellschaft." (Angela Merkel ntv 2009). In den Aufsichtsräten und Vorständen sind Frauen nach wie vor stark unterrepräsentiert (vgl. Kapitel 2.1.). Diese Tatsache lässt darauf schließen, dass es Barrieren geben muss, die Frauen trotz Gleichberechtigung und Gleichstellung davon abhalten eine Führungsposition einzunehmen (vgl. Jahn S. 3).

3.2. Frauen entscheiden sich lieber für Familie

Die vermeintlichen Barrieren (gläserne Decke) werden auch zum Mythos deklariert, indem man den Grund für die Unterrepräsentanz an Frauen in den Spitzenpositionen darauf zurückführt, dass sich Frauen zu Gunsten von Familie und Kindern gegen einen beruflichen Aufstieg entscheiden. Sie nehmen die vom Gesetz garantierte Gelichberechtigung nicht in Anspruch bzw. nutzen die Chancengleichheit um einen anderen Weg, nämlich den der Hausfrau und Mutter, zu wählen. Sie bleiben sozusagen freiwillig im unteren bis mittleren Management und beschließen, ihre Karriere für einige Jahre zu unterbrechen, um sich um die Kinder kümmern zu können (vgl. Bauer-Jelinek 2014, S.14). Allein die Tatsache aber, dass sich eine Frau zwischen Beruf und Karriere entscheiden muss, ist ein Hinweis auf ein Hindernis auf dem Weg in die Führungsposition. Denn gäbe es diese Barriere nicht, wäre eine Vereinbarkeit von Familie und Beruf gegeben und die Frauen müssten keine Wahl treffen zwischen einer der beiden Optionen (vgl. Gedamu et al. 2015, S.41).

3.3. Es gibt nicht genug fähige Frauen

Um die Anzahl der Frauen in Führungspositionen zu erhöhen wurde das Gleichberechtigungsgesetz von 1958 implementiert und im Mai 2015 sogar durch das *Gesetz für die Gelichberechtigte Teilhabe von Frauen und Männern an Führungspositionen in der Privatwirtschaft und öffentlichen Dienst*, die so genannte Frauenquote erweitert (vgl. Gedamu et al. 2015, S. 2). Gegner der Frauenquote behaupten, die gläserne Decke sei nur ein Mythos indem sie den Grund für die Unterrepräsentanz von Frauen in Führungsposition darauf zurückführen, dass es erst gar nicht genug qualifizierte Frauen gibt, welche für eine Führungsposition geeignet wären (vgl. Gedamu et al. 2015, S. 41). Tatsache ist aber, dass Frauen heute besser ausgebildet sind denn je. Seit vielen Jahren schon erreichen mehr Frauen als Männer das Abitur. Der Anteil an Hochschulabsolventinnen liegt mittlerweile auch bei knapp über 50 % (vgl. Statistisches Bundesamt 2016). Die fähigen, qualifizierten Frauen sind da, in die Führungsebene schaffen es aber nur zwischen 5,4 % - 7,4 % (vgl. Busch-Heizmann et al. 2015, S. 3). Die Differenz zwischen den gebildeten Frauen und Frauen, die tatsächlich eine Führungsposition erreichen, ist ein Hinweis darauf, dass es auf dem Weg an die Spitze doch Hindernisse geben muss, die Frauen den Zugang zu den Spitzenpositionen erschweren.

3.4. Frauen wollen gar nicht in die Führung

Verfechter der Theorie, die gläserne Decke sei nur ein Mythos, reagieren auf die Tatsache, dass es doch genug qualifizierte Frauen gibt und trotzdem so wenige die Spitzenpositionen erklimmen, mit einem weiteren Argument. Sie behaupten, Frauen seien nicht ehrgeizig genug und wollen garnicht erst in die Führungsverantwortung kommen (vgl. Bauer-Jelinek 2014, S. 10f. & Gedamu et al. 2015, S. 41). Das vierte Manager-Barometer von Odgers Berndtson, an dem mehr als 2000 Führungskräfte aus Deutschland, der Schweiz und Österreich teilgenommen haben, beweist das Gegenteil. Rund die Hälfte aller Männer strebt eine stetige Karriere an, und auch 51 % der Frauen wollen stetig weiter aufsteigen: konkret streben Managerinnen eine Position im Vorstand oder in der Geschäftsführerebene an. Frauen investieren auch mit rund 75 % ihrer Zeit mehr für den Beruf als Männer, die im Vergleich 62 % ihrer Zeit für den Beruf investieren (vgl. Odgers Berndtson Manager Barometer 2015). Der Grund für die niedrige Anzahl an Frauen in den Führungsebenen liegt also nicht darin, dass Frauen gar nicht in die Führung wollen oder nicht ehrgeizig genug sind. Es sind vielmehr andere Hindernisse und Barrieren, die Frauen davon abhalten Spitzenpositionen zu erreichen.

Sicherlich gibt es auch Frauen, die tatsächlich keine Karriere machen möchten und sich aus Überzeugung für die Rolle der Hausfrau und Mutter gegen die einer Führungsfrau entscheiden. Auch gibt es Frauen, die nicht die nötigen Fähigkeiten und Qualifikationen haben, um die Anforderungen, die eine Führungsposition mit sich bringt, zu erfüllen; auch sind nicht alle Frauen ehrgeizig genug und streben eine Führungsposition an. Das bedeutet aber nicht, dass Frauen, die fähig und qualifiziert sind und auch den Wunsch haben, es in die Top Positionen zu schaffen, es nicht mit Barrieren und Schranken zu tun haben, die sie daran hindern dies zu erreichen. Die gläserne Decke als Mythos zu sehen fällt daher schwer (vgl. Holst; Wiemer 2010, S. 12f.). Karriere Spiegel hat 12 erfolgreiche Managerinnen interviewet, die von einer gläsernen Decke sprechen und Barrieren und Hindernisse beschreiben, die sie auf dem Weg an die Spitze behindert haben (vgl. Freisinger Spiegel online 2015). Auch Studien, wie die des Deutschen Institutes für Wirtschaftsforschung (vgl. Kapitel 2.1.) oder des Institutes Sinus Soziovision GmbH Heidelberg (Kapitel 5.) zeigen deutlich, dass die Anzahl der Frauen an der Spitze immer noch sehr niedrig ist. Sie untersuchen des Weiteren die Gründe für die Unterrepräsentanz von Frauen in Führungspositionen und zeigen mögliche Optionen wie der Anteil an Frauen in der Führung gesteigert werden könnte. (vgl. Busch-Heizmann et al. 2015, S. 3 und Wippermann 2010, S. 7ff.). Die Ergebnisse der Studien belegen, dass im Zusammenhang mit der gläsernen Decke nicht von einem Mythos gesprochen werden kann. Die Barrieren und Hindernisse sind zwar oft subtil und nicht immer greifbar, sie entstehen aber auf Grund von strukturellen, kulturellen und personellen Faktoren und nicht in Folge von Irrationalität. In den Köpfen von Männern und von Frauen gibt es Mentalitätsmuster und Glaubenssätze, die weitere Barrieren entstehen lassen und die gläserne Decke so von oben und unten absichern. Im Folgenden werden die einzelnen Barrieren und Hindernisse, die eine gläserne Decke bilden und Frauen den Weg vom unteren und mittleren Management in die Führungsebene versperren, aufgezeigt und untersucht. Die oben aufgeführten Argumente dafür, dass die gläserne Decke nur ein Mythos sei, werden im Verlauf der Arbeit nach und nach entkräftet und widerlegt.

4. Strukturelle, Kulturelle und Personelle Barrieren

In der Literatur gibt es diverse Versuche, das Phänomen der gläsernen Decke zu erklären. Bultemeier et al. sprechen in ihrem Arbeitspapier zu ‚Frauen und Karriere' von strukturellen, kulturellen und personellen Barrieren als Erklärungsfaktoren dafür, dass Frauen in modernen Unternehmen immer noch von Macht- und Entscheidungsprozessen ferngehalten werden. Jede einzelne dieser Barrieren in sich ist so konstruiert, dass sie Frauen den Weg an die Spitze erschwert. Strukturelle, kulturelle und personelle Hindernisse und Barrieren wirken auch ineinander verflochten und können als eine mehrschichtige Ebene der gläsernen Decke betrachtet werden (vgl. Bultemeier et al. 2010, S. 9).

4.1. Strukturelle Barrieren

Unter strukturellen Barrieren versteht man ziemlich stabile, über ausgedehnte Zeiträume herrschende soziale Ordnungen, zu denen besonders die geschlechtsspezifische Arbeitsteilung sowie die Arbeits- und Karrierestrukturen in einem Unternehmen gehören (vgl. Bultemeier et al. 2010, S. 10). Diese strukturellen Barrieren sind einer der Gründe, welche die gläsernen Decke zur Realität werden lassen.

4.1.1. Transaktionskosten und statistische Diskriminierung

Ein Teil der strukturellen Barrieren, die den Frauen den Weg an die Spitze erheblich erschweren, resultieren daraus, dass Frauen und Männer als zwei separate Gruppen des Humankapitals im Unternehmen betrachtet werden. Monika Henn erläutert das Problem der vermeintlich hohen Transaktionskosten und statistischen Diskriminierung in ihrem Buch „Die Kunst des Aufstiegs" wie folgt: ein Unternehmen investiert in neu eingestellte Arbeitskräfte, diese müssen eingearbeitet und weitergebildet werden. Die Einarbeitung und Weiterbildung kostet Zeit und Geld. So ist es nur verständlich, dass aus betriebswirtschaftlicher Sicht, die in diesem Zusammenhang entstehenden

Transaktionskosten möglichst gering gehalten werden und die Investition, die ein Humankapital mit sich bringt, eine möglichst hohe Verzinsung einbringen soll. Problematisch ist nur, dass der Gruppe ,Frauen' unterstellt wird, sie sei teurer als die Gruppe ,Männer'. Unternehmen setzen auch noch in der heutigen modernen Gesellschaft geschlechtsspezifische Arbeitsteilung voraus. Man nimmt an, dass Frauen Kinder bekommen und dadurch für einige Zeit das Unternehmen verlassen. Auch geht man davon aus, die Frau sei weniger mobil und werde auf Grund von Kinderversorgung wesentlich öfter fehlen. Die Leistung, welche die Frau im Unternehmen einbringt, sei im Hinblick auf diese Doppelbelastung geringer. Auch wenn das in vielen Fällen gar nicht stimmt, denn viele Frauen wollen keine Kinder und bekommen auch keine, ist der Aufwand dies zu prüfen erstens zu umständlich und zweitens gesetzlich verboten. So nehmen die Unternehmen lieber die Wahrscheinlichkeit in Kauf, eine qualifizierte, fähige Frau zu Gunsten eines weniger geeigneten Mannes in einem Bewerbungsverfahren abzulehnen (vgl. Henn 2009, S. 31f.).

Es gibt mittlerweile genauso viele gut ausgebildete Frauen wie Männer. Somit kann durchaus von gleicher Verteilung an Fähigkeiten und Qualifikationen ausgegangen werden (vgl. Stürz 2005, S. 97). In Sorge um die vermeintlich hohen Transaktionskosten werden aber die Qualifikationen der Männer ,überausgeschöpft'. Das führt dazu, dass Männer mit geringeren Qualifikationen eingestellt werden. Die weiblichen Qualifikationen sind ,unterausgeschöpft', weil die Fähigkeiten der hochqualifizierten Frauen ungenutzt bleiben. In diesem Zusammenhang spricht man von ,statistischer Diskriminierung'. Diese ,statistische Diskriminierung' wirkt sich zwangsläufig auf die Karrierechancen der Frauen aus. Es wird nicht in die weitere Qualifikation von Frauen investiert, da ihnen die erfolgversprechenden Stellen vorenthalten werden. So sind Frauen gezwungen, die weniger anspruchsvollen, geringer bezahlten und für die Karrierechancen unattraktiven Stellen anzunehmen (vgl. Henn 2009, S. 32). Auf diese Weise führen die vermeintlich hohen Transaktionskosten im Zusammenhang mit der statistischen Diskriminierung von qualifizierten Frauen dazu, dass die gläserne Decke immer dicker wird.

Bei der Kalkulation ihrer Transaktionskosten im Hinblick auf die Humankapitalgruppe ,Frauen', gehen Unternehmen jedoch undifferenziert vor. Sie setzen das klassische Drei-Phasen-Modell von Oswald Neuberger voraus, bei welchem Frauen erst ihre Ausbildung absolvieren und kurze Zeit arbeiten, um gleich danach für eine jahrelange Familienphase aus dem Unternehmen auszuscheiden. Und schließlich als ältere Arbeitskraft, mit nicht mehr aktuellen Kenntnissen und einer wesentlich verkürzten Gesamtnutzungsdauer wieder einzusteigen (vgl. Neuberger zit. nach Henn 2009, S. 10). Dieses Modell ist aber längst überholt. Entscheiden sich Frauen in der heutigen Zeit tatsächlich für Kinder, bedeutet es nicht zwangsläufig, dass sie aus dem Unternehmen ausscheiden. Denn die meisten hochqualifizierten Frauen wählen heutzutage für ihren Nachwuchs die Möglichkeit einer Fremdbetreuung aus. So bleiben sie im Unternehmen und erhalten ihre Kenntnisse und Netzwerke sowie Methoden-Beherrschung aufrecht. Fast 50 % der Akademikerinnen entscheidet sich von vornerein gegen Kinder, was die Familienphase und die vermeintlichen Fehlzeiten wie auch die verminderte Leistung auf Grund von Doppelbelastung hinfällig macht (vgl. Henn 2009, S. 32f.).

Auch werden bei dieser Transaktionskostenkalkulation, Kosten die durch Männer verursacht werden, scheinbar übersehen. Gerade qualifizierte Männer gehen in ihrer Karriereplanung strategisch vor. Um ihre berufliche Laufbahn zu optimieren, verlassen sie das Unternehmen und wechseln nicht selten zur Konkurrenz. Die Kosten, die dadurch entstehen, sind nicht zu vernachlässigen. Sie sollten durchaus gegen die Transaktionskosten, welche Frauen eventuell aber nicht zwangsläufig verursachen, aufgewogen werden (vgl. Henn 2009, S. 33).

Die strukturellen Barrieren sind nur möglich, auf Grund der immer noch patriarchalischen Einstellungen in unserer Gesellschaft. Im Patriarchat wird geschlechterspezifische Arbeitsteilung vorausgesetzt, es gilt als selbstverständlich, dass die Frauen unbezahlte Arbeit leisten, während die Männer den Teil der Arbeit übernehmen, der bezahlt wird (vgl. Henn 2009, S. 34). Wenn besser ausgebildete Frauen und solche, die fähiger und motivierter sind als Männer, trotzdem benachteiligt werden, ist das auf patriarchale Relikte zurückzuführen. Oft existieren noch alte familiäre Strukturen. Frauen leisten die unbezahlte, schlecht oder indirekt bezahlte Arbeit. Diese überholten und doch existierenden Strukturen machen es für Unternehmen lohnender, in Männer zu investieren statt eine Investition in Frauen zu wagen (vgl. Neuberger 2002, S. 776). Patriarchale Strukturen werden allmählich aufgelöst und weichen den modernen Singlehaushalten, Familien ohne Kinder und solchen, die ihre Kinder von Tagesmüttern versorgen lassen. Die Überbleibsel des Patriarchats sind aber dennoch da und sorgen immer noch dafür, dass die gläserne Decke die aufstrebenden Frauen zurückhält.

4.1.2. Arbeit- und Karrierestrukturen

Eine weitere strukturelle Barriere auf dem Karriereweg der Frauen sind die Arbeit- und Karrierestrukturen. Laut zahlreichen Studien werden weibliche Führungskräfte als Expertinnen in spezialisierten Managementfunktionen eingesetzt und wählen auf diese

Weise so genannte Fachlaufbahnen für ihre Karriere an. Männer sind hingegen breiter aufgestellt und nehmen allgemeine Führungsaufgaben wahr, das bedeutet, sie entscheiden sich für eine Linienlaufbahn in ihrer Karriere. Doch im Vergleich zu Linienlaufbahnen wird Fachlaufbahnen wesentlich weniger Bedeutung beigemessen (Altenrieth et al. 1993, zit. nach Quack 1997, S. 16). Frauen leiten häufig Stabsabteilungen und haben so nur eine fachliche Weisungsbefugnis. Meistens werden sie von besonders angesehenen und repräsentativen Geschäftsfeldern ferngehalten. Hingegen werden Männer in Bereichen und Funktionen eingesetzt, die einen besonderen Einfluss auf die gesamte Organisation haben (vgl. Bultmeier et al. 2010, S. 10).

Auf diese Weise haben Frauen keine Möglichkeiten, Erfahrungen im marktnahmen Bereichen zu sammeln und sich auf Gebieten von strategischer Relevanz zu bewähren, was sie nur bis hin zum mittleren Management aufsteigen lässt. Aus diesem Kontext heraus kann davon ausgegangen werden, dass Frauen nicht nur durch eine gläserne Decke am Aufstieg in die Toppositionen gehindert werden, vielmehr gibt es laut Lutz Ohlendieck auch so genannte gläserne Wände. Diese Wände teilen eine Organisation in Bereiche, welche von Frauen dominiert werden und von Männern dominierte Bereiche ein. Meist befinden sich die von Frauen dominierten Bereiche am Rande einer Organisation, während das Zentrum einer Unternehmensstruktur von Männern dominiert wird. Auf diese Weise steigen Männer linear schnell auf. Frauen hingegen sind durch ihre Außenposition in ihrem Aufstieg erheblich langsamer (vgl. Ohlendieck 2003, S. 188). So wird Frauen durch die Unterstellung höhere Transaktionskosten zu verursachen aber auch durch strategische Diskriminierung und durch die fehlerhaften Arbeits- bzw. Karrierestrukturen in der Wirtschaft der Weg in die Führungspositionen mehrfach versperrt. Neben diesen strukturellen Barrieren bilden aber auch kulturelle Barrieren eine weitere Schicht in der gläsernen Decke.

4.2. Kulturelle Barrieren

Kulturelle Barrieren sind im Kontext einer Unternehmenskultur zu verstehen. Kultur beschreibt Regeln und Verfahren, die nicht aufgeschrieben sind. Der Begriff Kultur umschreibt, wie Angelegenheiten im Unternehmen informell bewältigt werden (vgl. Scheele 2008, zit. nach Bultemeier et al. 2010, S. 10). Es hängt von der Kultur eines Unternehmens ab, ob und wie Geschlechterthemen behandelt werden. Die Kultur bestimmt auch den Umgang mit Stereotypen, Minderheiten und sozialen Ähnlichkeiten. Entsprechend integrierend oder ausgrenzend wirken dann diese kulturbedingten Genderpraktiken (vgl. Bultemier et al. 2010, S. 11).

Frauen werden heutzutage nicht offen diskriminiert. Das wäre politisch unkorrekt. Die normativen Leitbilder eines Unternehmens propagieren somit nach außen ganz entschieden eine Geleichbehandlung beider Geschlechter. Es ist die Kultur in einem Unternehmen, die es zulässt, informell und doch nachdrücklich Frauen von Führungspositionen auszuschließen (vgl. Hofbauer 2004, S. 47). Die Barrieren existieren, aber keiner gibt sie offen zu. Dieser Zustand lässt sich sehr gut mit der Metapher der gläsernen Decke beschreiben. Die kulturellen Barrieren werden auf zwei Arten ausgelebt. Zum einen gibt es die unterbewussten und doch gelebten stereotypen Zuschreibungen, zum anderen die Auswahl der Nachfolger im Hinblick auf die soziale Ähnlichkeit.

4.2.1. Stereotype Zuschreibungen

Eine Kultur im Unternehmen hat spezielle Erwartungshaltungen an eine Führungsposition. Auch an Frauen und Männer werden entsprechende Erwartungen gerichtet (vgl. Baitsch 2004, S. 18). Christof Baitsch und auch Dorothee Alfermann erklären die Problematik der so genannten stereotypen Zuschreibungen in ihren Büchern. Diese Stereotype dienen im Allgemeinen dazu, die Komplexität der Welt zu reduzieren, indem man sie in überschaubare Einheiten einteilt. Stereotype entstehen auf der Grundlage eines Kategorisierungsprozesses. Sie simplifizieren die Wahrnehmung und erleichtern gleichzeitig das Handeln (vgl. Alfermann 1993, zit. nach Henn 2009, S. 41). So sind Stereotype nichts grundlegend Schlechtes. Es ist aber wesentlich, sich bewusst zu machen, dass man von Stereotypen in seinem Handeln beeinflusst wird. Stereotype wirken so z. B. auf die Personalbeurteilung und diese somit auf die Karriereentwicklung (vgl. Henn 2009, S. 42f.). Stereotype oder Schemata im Hinblick auf „typisch weibliche und typisch männliche Merkmale fließen als Filter bei der Wahrnehmung und Interpretation in Interaktionsprozesse ein." (Baitsch 2004, S. 18). So werden identische Muster in Verhalten und Kommunikation bei Frauen und bei Männern unterschiedlich gewertet. Ein direkter Widerspruch z. B. wird einem Mann positiv ausgelegt. Widerspricht eine Frau auf die gleiche Art und Weise wird ihr Aggressivität unterstellt und man bewertet sie als anmaßend (vgl. Baitsch 2004, S. 18). Stereotype Erwartungen im Hinblick auf eine Führungsposition sind oft übereinstimmend mit den männlichen Stereotypen. Das erweist sich als problematisch. Denn das Bild von Frauen stimmt nicht mit dem Bild von Führungskräften überein. Daraus ergibt sich ein Dilemma: bedient eine Frau die weiblichen Stereotype ist sie aus der Sicht des Unternehmens nicht geeignet für eine Führungsposition. Ist sie in ihrem Verhalten so, wie es von einer Führungskraft erwartet wird, ist sie hingegen nicht weiblich genug. Egal wie eine Frau sich verhält, sie kann es nicht richtig machen (Henn 2009, S. 41f.). Dieses Paradoxon macht es

Frauen enorm schwer, eine Führungsposition anzustreben. Diese stereotype Einteilung und Erwartung ist eine kulturelle Barriere. Es ist nicht Etwas, was konkret thematisiert wird, vielmehr wird es unterschwellig behandelt und manifestiert sich oft darin, dass entsprechend wenige Frauen den Weg an die Spitze bewältigen. Ein Beispiel für den unterbewussten Einfluss der Unternehmenskultur auf die Auswahl der Führungskräfte ist der Vergleich der Hierarchiestrukturen mit dem Tierreich. In einer Organisation setzt sich z. B. der Stärkste durch. Dieser wird mit einem Löwen verglichen. Der Löwe fungiert als Leitbild für Führungskräfte. Dieses Leitbild ist ganz eindeutig männlich konnotiert (vgl. Bultemeier et al. 2010, S. 12). Durch dieses mutmaßlich harmlose Bild wird subtil ein Kriterium der Männlichkeit eingeführt. Da man sich den Löwen als ein männliches Lebewesen vorzustellen hat, wird implizit die Überlegenheit der männlichen Stereotype und Eigenschaften akzeptiert (vgl. Hofbauer 2004, S. 47f.). So wird das Geschlecht gehandhabt, ohne es offen zu thematisieren. Auf diese Weise werden männliche und weibliche Stereotype als kulturelle Abgrenzungstaktik für das Beurteilungsverfahren im Hinblick auf eine Führungsposition ausschlaggebend (vgl. Fried et al. 2001, zit. nach Bultemeier 2010, S.12).

4.2.2. Auswahl nach sozialer Ähnlichkeit

Stereotypisierungen alleine schließen Frauen aber nicht von Spitzenpositionen aus. Es ist auch die in den höchsten Führungsebenen gelebte Kultur der sozialen Ähnlichkeit, die Frauen den Zugang zu Führungspositionen versperrt. Sigrid Quak erläutert dieses Phänomen folgendermaßen: Die Unsicherheit in Bezug auf die Eignung eines Bewerbers wird minimiert, indem man denjenigen auswählt, dessen Persönlichkeitsmerkmale und Eigenschaften den eigenen am meisten entsprechen. Auf der Basis dieser sozialen Vertrautheit versucht man somit das zukünftige Arbeitsverhalten des Bewerbers zu prognostizieren. Diese Praxis wird auch ‚homosoziale Selbstrekrutierung' genannt (vgl. Quack 1997, S. 14). Diese homosoziale Rekrutierung und somit das selektive Vorgehen gegenüber Frauen (und anderen Minderheiten) scheint mit der Höhe der Führungsebene zuzunehmen. Rationale Kriterien wie Fähigkeiten und Leistung erweisen sich als wenig bedeutsam bei der Besetzung der Führungsetage. Der Habitus, den die Bewerber mitbringen ist entscheidend. Letztendlich bestimmen diejenigen mit einer Machtposition, wer ihnen nachfolgen darf und sie entscheiden sich immer für Bewerber, die sie an sie selbst erinnern (vgl. Hartmann 2002 zit. nach Bultemeier 2010, S. 12f.). Und da die meisten Führungspositionen von Männern besetzt werden, haben Frauen entsprechend wenige Chancen, dass bei der Besetzung von Führungspositionen die Wahl auf sie fällt.

So sorgen die kulturellen Barrieren in Form von stereotypen Zuschreibungen und sozialer Ähnlichkeit für eine ‚Doppelverglasung' der gläsernen Decke.

4.3. Personelle Barrieren

Neben den strukturellen und kulturellen Barrieren sind die personellen Barrieren ein weiteres Hindernis auf der weiblichen Karriereleiter. Personellen Barrieren liegen freiwillige und unfreiwillige Entscheidungen zugrunde, ebenso wie die Orientierung einer Person (vgl. Bultemeier 2010, S. 13). Aus verschiedenen Untersuchungen, die sich mit der männlichen und weiblichen Karrieremotivation beschäftigen, konnten kaum Unterschiede zwischen Männern und Frauen in ihrer Karrieremotivation festgestellt werden. Proportional zum steigenden Bildungsniveau und der Erwerbstätigkeit steigt auch die Karriereorientierung der Frauen (vgl. Autenrieth 1993, zit. nach Bultemeier 2010, S. 13). Der Unterschied liegt jedoch bei den Karrierestrategien, die Männer und Frauen verfolgen.

Christiane Funken hat eine empirische Untersuchung zu männlichen und weiblichen Karrieren im Vertrieb durchgeführt. Aus dem Ergebnis der Untersuchung geht hervor, dass Männer eine ‚Machtkarriere' während Frauen eine ‚Geldkarriere' verfolgen (vgl. Funken 2004, S. 109f.).

Das bedeutet, Männer verfolgen eine Informationspolitik, die auf ihren Aufstieg und die damit verbundene Gestaltungsmacht abzielt. Sie halten strategische Aufgaben für wesentlicher und berichten dem Management in einem Vieraugengespräch über die Marktentwicklung. Sie nutzen so ihre Stellung als Schnittstelle zwischen dem Unternehmen und dem Markt und präsentieren sich als eine relevante Informationsquelle für strategische Entscheidungen. So fördern sie ihre Stellung als Sprungbrett für ihren Aufstieg (vgl. Funken 2004, S. 109 f.).

Frauen hingegen neigen dazu, eine Informationspolitik zu verfolgen, die ihnen den Weg zu einer Geldkarriere und somit größerer Verhandlungsmacht ebnet. Sie unterstreichen die administrativen Aufgaben und fokussieren so auf leistungsbezogene und sachorientierte Informationspolitik. Auf die Art fördern sie die Leistungssteigerung und nutzen ihren Erfolg für einen Aufstieg, der ihnen ermöglicht Aufgaben zu übernehmen, welche besser bezahlt werden. Mehr Macht oder Entscheidungsbefugnis bekommen sie dadurch aber nicht (vgl. Funken 2004, S. 110f.).

Die Unterschiede in den Karriereorientierungen und der Nutzung der Informationspolitik führen dazu, dass Frauen weiterhin von Entscheidungsprozessen im Unternehmen ausgeschlossen werden. Sie bleiben in ihrer gestalterischen Macht begrenzt. Diese personellen Barrieren sind eine weitere Schicht in der gläsernen Decke.

Wertet man die strukturellen, kulturellen und personellen Barrieren auf dem Karriereweg der Frauen, wird deutlich, dass es keine monokausalen Begründungen für das Phänomen der gläsernen Decke gibt (vgl. Bultemeier et al. 2010, S. 15). Das Zusammenspiel aller drei Faktoren ist in sich verflochten und komplex. Diese Komplexität und Verflechtung macht die gläserne Decke so undurchlässig. Es sind aber nicht nur die strukturellen, kulturellen und personellen Barrieren, die die gläserne Decke verdichten. Da Männer in den Führungsebenen der Wirtschaft nach wie vor definitiv in der Mehrzahl sind, ist es wichtig zu hinterfragen, wie die männliche Einstellung zu Frauen in Führungspositionen ist und ob es nicht die Männer sind, die die gläserne Decke bewachen.

5. Gläserne Decke in den Köpfen der unterschiedlichen Männertypen

Vor dem Hintergrund der Unterrepräsentanz von Frauen in Führungspositionen hat das Bundesministerium für Familie, Senioren, Frauen und Jugend eine Studie in Auftrag gegeben zum Thema *Frauen in Führungspositionen. Barrieren und Brücken.* Das Institut Sinus Soziovision GmbH Heidelberg hat unter der Leitung von Dr. Carsten Wippermann diese Studie durchgeführt. Im Rahmen einer repräsentativen Befragung wurden unter anderem die Einstellungen von Führungskräften zu Frauen in Führungspositionen untersucht. Aus einem zentralen Ergebnis der Studie geht hervor, dass es in den von Männern beherrschten Führungsebenen immer noch starken Widerstand kultureller und informeller Art gegenüber Frauen gibt. Unterschiedliche männliche Mentalitätsmuster versperren und verriegeln so den Frauen den Zugang in die Spitzenpositionen der Wirtschaft (vgl. Wippermann 2010, S. 8). Drei signifikant unterschiedliche, männliche Mentalitätsmuster wurden in Rahmen der Studie in den obersten Führungsebenen besonders deutlich. Es gibt konservativ-patriarchalisch eingestellte Männer, die aus traditioneller Haltung heraus Frauen in Führungspositionen grundsätzlich ablehnen. Dann Männer, die zwar grundsätzlich emanzipiert denken, jedoch die für eine Spitzenposition in der Wirtschaft notwendige Härte als unvereinbar mit dem weiblichen Rollenverständnis erachten. Und radikal individualistisch geprägte Männer, die die Meinung vertreten, am Markt gebe es einen Mangel an authentischen und flexiblen Frauen (vgl. Wippermann 2010, S. 17f.). Diese Mentalitätsmuster können auch als Treiber der gläsernen Decke betrachtet werden. Im Folgenden werden die drei Mentalitätsmuster in den Köpfen der Männer in Führungspositionen dargestellt.

5.1. Der konservativ-patriarchalische Typus

Aus dem Ergebnis der oben genannten Studie geht hervor, dass sich die Männer mit konservativ-patriarchalischen Mentalitätsmustern auf der öffentlichkeitswirksamen Oberfläche als politisch korrekt präsentieren. Nach außen zeigen sie grundsätzliche Akzeptanz gegenüber Frauen in Führungspositionen. Würde man nur ihre oberflächliche Einstellung betrachten, könnte man durchaus den Eindruck gewinnen, die gläserne Decke sei nur ein Mythos. Befasst man sich tiefer mit ihren Einsichten wird deutlich, dass diese konservativ-patriarchalisch eingestellten Männer Frauen als potenzielle Führungskräfte generell ablehnen. Es gibt in den obersten Führungsebenen eingespielte Regeln und eine vorherrschende Logik, welche die Frauen nicht kennen. Männer an der Spitze der Wirtschaft verkehren in eingeschworenen Kreisen und gut funktionierenden Netzwerken. Sie sind der Meinung, dass Frauen diese männliche ‚Idylle' zerstören würden. Die Bedingungen und Erwartung der männlichen Führungsriege in den großen Unternehmen bleiben meist unausgesprochen und informell, werden jedoch dennoch vorausgesetzt (vgl. Wippermann 2010, S. 45).

5.1.1. Die Wirtschaft ist konservativ

Eine der vielen Vorrausetzungen um in den obersten Führungsebenen ‚mitzuspielen', ist aus der Sicht der Männer des konservativ-patriarchalischen Typus ein familiärer Hintergrund. Das heißt, ein Mann, der eine Führungsposition anstrebt, muss verheiratet sein und mindestens ein Kind haben. Begründet wird dieser Anspruch mit den Anforderungen, welche eine globalisierte Wirtschaft mit sich bringt. Flexibilität und Mobilität, sowie andere Belastungen, denen man in einer Spitzenposition ausgesetzt ist, können der Meinung der Männer mit dem patriarchalischen Mentalitätsmuster nach, nur bewältigt werden, wenn es einen Ort zum Auftanken gibt. Ein Mann muss sozusagen jemanden haben, der zuhause die Hemden bügelt und den Koffer packt. Auch ist eine Familie gleichzeitig ein Zeichen für ‚ordentliche Verhältnisse' (vgl. Wippermann 2010, S. 44ff.). Für Frauen, die eine Spitzenposition anstreben, bedeutet das im Umkehrschluss, egal welchen Weg sie einschlagen, es ist der falsche. Entscheiden sie sich nämlich für Familie, um ‚ordentliche Verhältnisse' zu signalisieren, sind sie aus der Sicht der konservativen Männer auf Grund der Doppelbelastung nicht in der Lage volle Leistung für das Unternehmen zu bringen. Geben sie zu verstehen, dass sie ihre Familie hinten anstellen bzw. ihren Alltag professionell organisieren, wirken sie auf die Männer in der konservativen Führung suspekt. Entscheiden sich Frauen bewusst gegen eine Familie, zugunsten von ihrer Karriere, werden sie als radikal und unberechenbar eingeschätzt. Sie werden als Einzelkämpferinnen abgestempelt, die keinen Rückzugort haben, um ihre innere Balance zu finden. An der Spitze der Wirtschaft wird so nur traditionelle Rollenteilung akzeptiert, denn die Wirtschaft ist konservativ. Für konservativ-patriarchalisch eingestellte Männer haben, wenn überhaupt, nur Frauen, die eine biographische Familienphase hinter sich haben, eine kleine Chance, die gläserne Decke zu durchbrechen und eine Spitzenposition zu erreichen (vgl. Wippermann 2010, S. 45ff.).

5.1.2. Frauen sind eine Irritation für den inneren Kreis

Männer mit konservativ-patriarchalischen Mentalitätsmustern wollen überhaupt keine Frauen in ihrem inneren Kreis haben. Männer bevorzugen die ‚Alleinherrschaft' an der Spitze. Das bedeutet, dass Männer lieber Männer fördern (vgl. Schaufler 2000, S. 31) (vgl. Kapitel 4.2.2.). Die Bestätigung, die für den einzelnen Mann aus der Zugehörigkeit zur wirtschaftlichen Elite resultiert, ist elementar. Persönliches Networking ist die Grundlage der wirtschaftlichen Elitekultur. Da in diesen Netzwerken Frauen so gut wie nicht vertreten sind, sind männlichkeitsgeprägte Sprachspiele besonders bewährt, um den Unterschied von ‚Drinnen gegen Draußen' zu betonen. Chauvinistische Anzüglichkeiten sind unter den Männern aus der obersten Führungsetage somit nicht selten. Das Ziel der Männer ist es mit der Sprache und ihrem Verhalten Macht, Stärke und Zugehörigkeit zu einem geschlossenen inneren Kreis zu demonstrieren. Die Gegenwart einer Frau in diesem *inner circle* würde als störend empfunden werden und als irrational gelten. Die Semantik der männerdominierten Netzwerke in der wirtschaftlichen Führungselite basiert darauf, dass Männer unter sich sind. Deshalb sorgen Männer in Führungspositionen mit ihren männlichkeitsgeprägten Überlegenheitsritualen und Sprachspielen dafür, dass Frauen unterhalb der gläsernen Decke bleiben (vgl. Wippermann 2010, S. 46).

5.1.3. Frauen sind gut genug für das operative Geschäft

Konservativ-patriarchalisch denkende Männer sind der Meinung, dass Frauen sachkompetent, zeitlich engagiert und erfolgreich genug sind für das operative Alltagsgeschäft. In Führungspositionen geht es aber darum, Ziele zu setzen und Aufgaben zu übertragen. Arbeiten Frauen also hart und im Vergleich zu Männern mehr, senden sie ein falsches Signal. In der Führungsposition geht es nämlich nicht darum ein Arbeitstier zu sein, sondern darum delegieren zu können. Fleiß und Hingabe an das Unternehmen werden auf der einen Seite vorausgesetzt. Ziehen sich Frauen aber nicht rechtzeitig aus dem operativen Alltagsgeschäft zurück, wird ihnen ganz schnell der Stempel ‚wertvolle Arbeitsbiene' aufgedrückt. Sie sind dann gut genug für das mittlere Management, der Weg in die Führungspositionen bleibt ihnen verschlossen (Wippermann 2010, S. 46). Es sind die

Männer in den Führungspositionen, die darüber entscheiden, ob eine Frau zu fleißig oder zu engagiert ist für die Spitze eines Unternehmens. Damit ist es für Frauen entsprechend schwierig, die erwünschte Balance zwischen Engagement und Delegationsfähigkeit zu finden und die gläserne Decke zu durchstoßen.

5.1.4. Orientierung an Defiziten

Männer in Führungspositionen mit konservativ-patriarchalischen Mentalitätsmustern sind der Meinung, dass Frauen an der Spitze hart sind in ihrem Führungsstil. Sie sehen diese als ‚gnadenlos' und unfähig, auch mal auszuruhen. Dieser Typ Männer beschreibt weibliche und männliche Mitarbeiter als grundverschieden. Im Hinblick auf Führungspositionen jedoch haben Frauen – ihrer Meinung nach – keine fachlichen oder sozialen Kompetenzen, die von Vorteil wären. Die Sensoren in der Wahrnehmung der traditionell geprägten Männer und ihre Bewertungsschemata sind darauf ausgerichtet, bei Frauen Defizite zu suchen und diese zu identifizieren. Die gelebte Abgrenzung und die kritische Einstellung gegenüber Frauen in Spitzenpositionen, sind nach wie vor sehr ausgeprägt. Diese Vorbehalte seitens der Männer machen es Frauen nicht gerade leicht sich in Spitzenpositionen der Wirtschaft zu etablieren. Dabei lautet die zentrale, unausgesprochene Botschaft von Seiten der männlichen Führungskräfte: die Frauen sind selbst schuld daran, dass sie kaum die obersten Führungspositionen erreichen (vgl. Wippermann 2010, S. 47).

So schaffen es Männer mit traditionell-patriarchalischen Mentalitätsmuster Frauen qua Geschlecht abzulehnen. Öffentlich äußern sie sich durchaus politisch korrekt zum Thema Frauen in Führungspositionen; auch präsentieren sie eine Akzeptanz gegenüber potenziellen Führungsfrauen nach außen hin. Dennoch wird die gläserne Decke durch deren konservative Erwartungen, elitären Netzwerke und unklaren Ansprüche sowie deren defizitorientierte Einstellung Frauen in Führungspositionen gegenüber mehrfach abgeriegelt.

5.2. Der emanzipierte Typus

Im Unterschied zu dem konservativ-patriarchalischen Typ Mann, der Frauen jegliche Leitungskompetenzen abspricht und sie generell als Fremdkörper in den von Männern dominierten Führungspositionen betrachtet, ist der jüngere Typus Mann, der Emanzipierte, dem Thema Frauen in Führungspositionen gegenüber grundsätzlich offener eingestellt. So das Ergebnis der oben genannten Studie. Emanzipiert denkende Männer sind sogar überzeugt davon, dass Frauen in höheren Positionen entscheidend für den Erfolg des Unternehmens sind und dass es notwendig ist, genug Frauen in Führungsebenen einzustellen, um ein Unternehmen gewinnbringend zu führen. Betrachtet man nur diese positive Einstellung, könnte die gläserne Decke durchaus wie ein Mythos wirken. Jedoch unterscheiden Männer des emanzipierten Mentalitätstypus sowohl strukturell als auch kulturell zwischen mittlerem und gehobenem Management und der hierarchisch höheren Führungsebene. So trauen Männer des emanzipierten Mentalitätstypus Frauen durchaus zu, dass sie im mittleren und gehobenen Management leiten können. Für die obere Führungsebene brauche man aber besondere Kompetenzen und diese haben Frauen ihrer Meinung nach nur selten (vgl. Wippermann 2010, S. 56).

5.2.1. Härte erwünscht und unerwünscht

Männer mit der emanzipierten Einstellung sind der Meinung, die obere Führungsebene wird am Erfolg des Unternehmens gemessen. Es gehe dabei um harte Zahlen, Optimierung der Ergebnisse und Steigerung der Effizienz. Dabei werden Ressourcen ausgepresst, denn der monetäre Erfolg hat absolute Priorität. Das Persönlichkeitsprofil für die obere Führungsetage ist somit mit einem Wort definiert: Härte. Diese Härte ist widersprüchlich zu dem in unserer Gesellschaft allgemeingültigen Frauenbild (vgl. Kapitel 4.2.1.). Frauen sind sozial, verständnisvoll, weich und ganzheitlich. Würde eine Frau im Vorstand also Härte zeigen, würde sie sofort negativ bewertet werden. Was für Männer in Führungspositionen als ‚normal' gilt, würde man bei Frauen kritisieren und als ‚unweiblich' deklarieren. Eine Frau würde so das Unternehmen nicht positiv repräsentieren können und möglicherweise dessen Image beschädigen (vgl. Wippermann 2010, S. 56). So sieht der emanzipiert denkende Mann, der sich für fortschrittlich im Vergleich zum konservativen hält, Frauen an der Spitze eines Unternehmens quasi als ein Oxymoron. Auf diese Weise schiebt sich eine weitere Schicht vor die gläserne Decke.

5.2.2. Kraftdemonstrationen dienen der Abschreckung

Machtdemonstrationen und Rituale der persönlichen Erfolge sind in den männerdominierten Führungspositionen nicht nur normal, sondern auch erwartet. Die Kommunikation ist vornehm und gepflegt, jedoch werden wesentliche Botschaften subtil und bewusst grob platziert. Gelegentlich kommunizieren die Männer provozierend und mit Absicht rabiat und ungefiltert. Dabei geht es nicht darum im Einzelnen zu gewinnen oder sein Gegenüber zu erniedrigen, vielmehr will man sich vergewissern, dass man in der Lage ist jederzeit bei diesem ‚Spiel' der Führungsliga mitzuspielen. Diese Art der Kommunikation in Männerkreisen ist eine hohe Kunst, die taktisches Geschick und Schlagfertigkeit sowie intellektuellen Einfallsreichtum voraussetzt. Männer bedienen sich nicht nur sprachlicher Mittel bei diesem Offensivspiel. Unterstrichen werden die verbalen Botschaften von nonverbalen Dominanzgebärden z. B. ausgreifende Armbewegungen, körperlicher Präsenz (indem man den Raum besetzt), besonders tiefes oder leises Sprechen. Oft unterbricht ein Mann den anderen mitten im Satz, um anschließend selbst das letzte Wort zu ergreifen. Das sind nur wenige Möglichkeiten, die Männer nutzen, um ihre Überlegenheit zu demonstrieren. Diese archaisch-männlich anmutenden Kraftdemonstrationen haben in ökonomischen Führungskreisen die Funktion zu beweisen, dass man geeignet für eine Führungsposition ist und in der Lage die eigenen ,Territorialgrenzen' abzustecken. Frauen nehmen diese typisch männlichen Rituale als Platzhirschgerangel wahr. Viele Frauen in Spitzenpositionen empfinden diese Kraftdemonstration als befremdlich und sogar abstoßend. Auf diese Wiese erzielt diese maskuline Kompetenz- und Stärkedemonstration, den von Männern gewünschten Effekt, nämlich Frauen abzuschrecken (vgl. Wippermann 2010, S. 58). Damit sorgen auch die vermeintlich offeneren Männer mit emanzipierten Mentalitätsmustern dafür, dass sich Frauen unterhalb der gläsernen Decke wohler fühlen und sich sozusagen freiwillig gegen eine Führungsposition entscheiden.

5.2.3. Frauen, die Führungspositionen anstreben, sind suspekt

Männer mit emanzipierter Grundhaltung erwarten von anderen intelligenten und engagierten Männern, dass diese eine Karriereposition anstreben. Strebt hingegen eine intelligente und kompetente Frau eine Führungsposition an, wird ihr Verhalten als suspekt oder verdächtig wahrgenommen. Sie wird kritisch beobachtet und ihre Verhaltensweise wird negativ kommentiert. Oft werden ambitionierten Frauen ungute Ziele und Motive unterstellt. Letztendlich werden sie in die Schublade ,anders' gesteckt. Denn sie benehmen sich nicht so, wie man es von ihren Geschlechtsgenossinnen erwartet, sind aber geleichzeitig anders als Männer in der gleichen Position (vgl. Wippermann 2010, S. 58). So sind zielstrebige Frauen, die versuchen, die gläserne Decke durchzustoßen generell unter Beobachtung. Sie werden auch mit ganz anderen Maßstäben gemessen als ihre männlichen Kollegen. Verbindet eine Frau Stärke und Charme miteinander, verunsichert sie die Männer. Sie wird deshalb als berechnend wahrgenommen und auf Abstand gehalten (vgl. Wippermann 2010, S. 58f.). Männer mit emanzipiertem Mentalitätsmuster sind grundsätzlich zwar der Meinung, es müssen mehr Frauen in der Führung von Unternehmen zugelassen werden, aber nicht in die oberste Liga. Ihrer Meinung nach sind Frauen unterhalb der gläsernen Decke besser aufgehoben. Mit ihren widersprüchlichen Ansprüchen bezüglich der Härte von weiblichen Führungskompetenzen, sowie ihren männlichen Machtdemonstrationen und dem ständigen misstrauischen Beobachten, erschweren sie jeder ambitionierten Frau den Weg an die Spitze.

5.3. Der radikal individualistische Typus

Laut Carsten Wippermann sind Männer mit dem radikal individualistischen Mentalitätsmuster in ihrer Weltanschauung überzeugt davon, dass die Unterschiede zwischen Mann und Frau in unserer Gesellschaft im Großen und Ganzen aufgehoben sind. Ihrer Meinung nach gibt es keine strukturellen Hindernisse, die Frauen auf dem Weg an die Spitze aufhalten könnten. Es kommt einzig allein auf die Persönlichkeit und die individuelle Leistung an. Diese Einstellung stellt die gläserne Decke ganz klar als einen Mythos dar. Wenn es aber tatsächlich nicht auf das Geschlecht ankommt, stellt sich die Frage: wieso sind nur so wenige Frauen in den Vorständen, Aufsichtsräten oder den Direktionen von Unternehmen? Die radikal individualistischen Männer sind der Meinung, die wenigen Frauen, die sich für eine Führungsposition bewerben, könnten keine kontinuierliche Berufsbiographie vorweisen und seien in ihrem Auftreten nicht authentisch genug (vgl. Wippermann 2010, S. 18 und 67f.).

5.3.1. Fehlende Authentizität und Überkompensation

Authentizität ist für Männer mit der radikal individualistischen Einstellung von größter Bedeutung im Hinblick auf Führungsqualitäten. Die eigene Persönlichkeit darf trotz der unterschiedlichen Rollen, die man an der Spitze eines Unternehmens bedienen muss, nicht untergehen. Ihrer Meinung nach fehlt es Frauen häufig an der Authentizität, da sie versuchen Männer nachzuahmen. Frauen werden von den Männern besonders kritisch in ihrem Verhalten in Bezug auf Authentizität beobachtet (vgl. Wippermann 2010, S. 67ff.). Dieser Anspruch authentisch zu sein, setzt Frauen entsprechend unter Druck. Denn Authentizität lässt sich nicht gerade leicht operationalisieren und oft wirkt man gerade durch den Versuch authentisch zu sein, nicht authentisch.

Männer mit radikal individualistischer Einstellung unterstellen ambitionierten Frauen nicht nur fehlende Authentizität, viel mehr behaupten sie, Frauen seien in ihrem Bestreben Karriere zu machen, zu sehr bemüht, männliche Führungsattribute und Führungsverhalten nachzuahmen. Dies wird dann von ihrer Seite aus als ‚Überkompensation' bewertet. Durch diese Kompensation oder Überkompensation versuchen Frauen, in den Augen der Männer, einen Mangel auszugleichen. Da sich Frauen, aus der Sicht der radikal individualistisch geprägten Männer, dieses Mangels bewusst sind, fangen sie an sich wie Männer zu gebaren und verlieren dabei das Maß. Auf diese Weise erklären sich Männer die niedrige Anzahl an Frauen in Führungspositionen, ohne dabei ihre politische Correctness in Frage stellen zu müssen. Denn die Frauen sind in den Augen der radikal individualistischen Männer selbst verantwortlich dafür, dass sie die Führungspositionen nicht erreichen (vgl. Wippermann

2010, S. 72 f.). Männer mit diesem Mentalitätsmuster, beobachten Frauen bereits unter der Prämisse eines unweiblichen Führungsstils. Aus diesem Grund lassen sie kompetenten Frauen kaum die Chance, ihre Authentizität und ihre Führungskompetenzen zu beweisen.

5.3.2. Mögliche fehlende Kontinuität der Berufsbiographie

Für den radikal individuellen Typus Mann ist es, im Gegensatz zu konservativ-patriarchalischen Typus im Hinblick auf Führungspositionen nicht entscheidend, ob eine Frau Familie hat oder nicht. Da aber die Planbarkeit für das Unternehmen wesentlich ist, sind Frauen, die keine Kinder haben, nicht kalkulierbar genug (vgl. Kapitel 4.1.1.). Man kann nie wissen, wann diese Frauen auf die Idee kommen, doch eine Familie zu gründen und wegen Kindern längere Zeit ausfallen. Hinzu kommt, dass die Loyalität dem Unternehmen gegenüber an der Kontinuität in der Berufsbiographie gemessen wird. Eine Führungspersönlichkeit repräsentiert das Unternehmen. Kontinuierliches Arbeiten symbolisiert und signalisiert Loyalität der Organisation gegenüber. Gleichzeitig wird eine längere Abwesenheit vom Unternehmen (z.B. aufgrund einer Babypause) als Defizit interpretiert. Man befürchtet eine negative Außenwirkung für das Unternehmen, wenn Mitarbeiter eine längere Auszeit in Anspruch nehmen. Aus der Sicht der Männer mit der radikal individuellen Grundeinstellung ist es unabdingbar, dass eine Person in einer Führungsposition stets für das Unternehmen verfügbar ist. So kommt auch für diesen Typus Mann nur eine Frau, welche die Familienphase erfolgreich und endgültig hinter sich gebracht hat, als eine potenzielle Führungsstelle in Frage (vgl. Wippermann 2010, S. 69 ff.). Charakteristisch für die radikal individuell denkenden Männer ist es, die Verantwortung für die niedrige Frauenquote an den Staat abzuschieben. Unzureichende familienpolitische Maßnahmen sind ihrer Meinung nach der Grund dafür, dass so wenige Frauen die Möglichkeit haben, sich für eine Führungsposition zu bewerben. So können sie das eigene Unternehmen aus der Verantwortung herausnehmen, anstatt bei der Zusammensetzung des Personals mehr Frauen in die Führung zuzulassen (vgl. Wippermann 2010, S. 71). Mit deren Erwartungen in Bezug auf die weibliche Authentizität und den Vorbehalten was die berufliche Kontinuität angeht, machen es Männer mit radikal individualistischen Mentalitätsmustern, ambitionierten Frauen sehr schwer, die gläserne Decke zu durchstoßen. Radikal individualistisch eingestellte Männer halten sich selbst für äußerst innovativ, progressiv und offen gegenüber Frauen in Führungspositionen. Der Grund für die niedrige Anzahl an weiblichen Führungskräften in ihren Unternehmen, liegt ihrer Meinung nach beim Staat und ist vor allem auf den Mangel an Frauen, die für eine Führungsebene geeignet sind, zurückzuführen (vgl. Kapitel 3.3.).

5.4.Hüter der gläsernen Decke

Alle drei Mentalitätsmuster haben eines gemeinsam, Frauen gelten für sie als unbequem und stellen ein Risiko dar. Männer oberhalb der gläsernen Decke erwarten von Frauen, die eine Führungsposition anstreben, zwei Dinge gleichzeitig. Auf der einen Seite sollen sie sich an die männlichen Regeln und Logik anpassen und nicht auffallen oder gar stören, gleichzeitig sollen Frauen aber auch ihre Stärken einsetzen und dabei authentisch weiblich bleiben (vgl. Wippermann 2010, S. 74). Da die entscheidende Mehrheit in den Führungspositionen männlich ist, schieben die Männer mit dieser paradoxen Erwartung einen deutlichen Riegel vor die Aufstiegschancen der Frauen und fügen so eine weitere Schicht in die gläserne Decke.

Verbindend für alle drei Mentalitätstypen ist auch der Fokus auf die vermeintlichen Nachteile, die Frauen in Führungspositionen für ein Unternehmen bringen. Man erörtert in den Führungsebenen nicht was *für* Frauen an der Spitze spricht, viel mehr wird fokussiert was alles *gegen* Frauen einzuwenden ist (vgl. Wippermann 2010, S. 20). Durch das erste Mentalitätsmuster werden Frauen auf Grund von Traditionen und Systemfunktonalität aus Führungspositionen ausgeschlossen. Das zweite Mentalitätsmuster verstärkt diese Vorbehalte in dem es beklagt, Frauen seien auf Grund gesellschaftlicher Rollenzuschreibungen nicht geeignet für eine Führungsposition. Das dritte Mentalitätsmuster behauptet Geschlecht spiele keine Rolle, aber das Angebot an geeigneten Frauen für eine Führungsebene sei nicht ausreichend. Als Bestandteile eines Systems, erzeugen alle drei Mentalitätsmuster eine vielfach geschützte Schließfunktion mit nur sehr geringer, ausgewählter Durchlässigkeit (vgl. Wippermann 2010, S. 18).

Es wäre ein Trugbild zu glauben, in einem Unternehmen käme, nur der eine oder der andere Mentalitätstypus vor. In den Unternehmen sind auf unterschiedlichen Hierarchieebenen alle Mentalitätsmuster vertreten. Gerade im Zusammenspiel erzeugen alle drei Mentalitätsmuster eine mehrdimensionale Verzahnung, die Frauen den Weg an die Spitze versperrt. Erfüllen Frauen die von einem Mentalitätsmuster ausgehende Erwartung, fallen sie genau damit bei den Anforderungen der anderen Mentalitätsmuster durch (vgl. Wippermann 2010, S. 18f.). Diese mehrfache Absicherung macht es Frauen, die eine Führungsposition anstreben äußerst schwer, sogar fast unmöglich, durch die gläserne Decke durchzudringen.

Wichtig ist hierbei zu betonen, dass nicht die einzelnen Männer die gläserne Decke hüten. Die einzelnen Männer würden die gläserne Decke vielleicht sogar als einen Mythos abtun. Sie sind kompetenten, ambitionierten Frauen gegenüber meist aufgeschlossen und positiv eingestellt. Die „Hüter der gläsernen Decke sind [viel mehr] die - meist vorbewusst -

zementierten Mentalitätsmuster in den Köpfen und Herzen der Männer". (Wippermann 2010, S.19). Diese Mentalitätsmuster formieren sich zu Rollenbildern und Führungskulturen, die von eigenen Ritualen und Habitusformen bestimmt werden. Diese Kulturen in der Führung haben eine lange Tradition und gelten als erfolgreich. Sie lassen sich auch nicht vom Willen eines Einzelnen verändern. Auch die daraus resultierenden Strukturen in den Unternehmen sind fest verankert und können nicht ohne weiteres aufgehoben werden (vgl. Wippermann 2010, S. 19f.).

Zu diesen männlichen Mentalitätsmustern und den strukturellen, kulturellen und personellen Faktoren, die alle miteinander verzahnt sind, kommen erschwerend Barrieren in den Köpfen der Frauen hinzu. Frauen haben Erwartungen an sich selbst und Vorstellungen wie sie zu sein haben. Diese Erwartungen und Vorstellungen sind ein weiterer Treiber der gläsernen Decke.

6. Barrieren und Schranken in den Köpfen der Frauen

Ebenso wie man nicht jedem Mann pauschal alle Mentalitätsmuster zuschreiben kann, hat auch nicht jede Frau zwangsläufig Barrieren im Kopf oder Verhaltensmuster, die sie am Aufstieg in die Führungseben hindern. Dennoch sind „Vorstellungen über spezifische Wesens- und Verhaltensmerkmale von Frauen und Männern eine Grundlage unserer Gesellschaft." (Schaufler 2000, S. 25). In der Literatur gibt es zahlreiche Ausführungen dazu, die sich der Thematik der so genannten Geschlechterstereotype widmen. Laut Stroebe und Insko verallgemeinern Geschlechterstereotype und können den tatsächlichen Eigenschaften eines Menschen nicht wirklich gerecht werden. Sie vereinfachen aber die Komplexität der Welt und sind notwendig, um die Alltagsbewältigung zu erleichtern (Stroebe; Insko 1989, zit. nach Henn 2009, S. 41). Birgit Schaufler betont aber, dass obwohl einige Verhaltensweisen signifikant öfter bei Frauen als bei Männern feststellbar sind, sie dennoch nicht pauschal für alle Frauen gelten (vgl. Schaufler 2000, S. 25). Werden also im Folgenden Barrieren und Treiber der Gläsernen Decke aufgeführt, die in den Köpfen der Frauen eine Realität darstellen, handelt es sich nicht um Absolutaussagen, die auf jede karrierewillige Frau zutreffen. Viel mehr werden Verhaltensweisen und Denkmuster beschrieben durch die eine Mehrheit von Frauen auf Grund von ihrem biologischen Erbe oder ihrer Sozialisation am Aufstieg in die Führungsebene gehindert wird. Forscher untersuchen schon seit Jahrzehnten die Tatsache, dass es geschlechterspezifisches Verhalten und auch geschlechterspezifisches Denken gibt. Dieses typisch weibliche oder männliche Denken und Verhalten kategorisiert auch eine Person in ihrer Selbst- und

Fremdwahrnehmung als typisch weiblich oder typisch männlich (vgl. Schaufler 2000, S. 25 & Alfermann 1993, S. 302f.). Zwei Erklärungsmuster werden in der wissenschaftlichen Forschung vor allem herangezogen, um die Ursache dafür zu finden; es handelt sich dabei um die Wirksamkeit von der Anlage auf der einen und Wirksamkeit der Umwelt auf der anderen Seite (vgl. Wieser 1997, S. 613ff.). Dors Bischof-Köhler widmet ein ganzes Buch der Thematik geschlechtsbedingter Unterschiede. In ihrem Buch „Von Natur aus anders: die Psychologie der Geschlechtsunterschiede" untersucht sie die Thematik unter Berücksichtigung sowohl der Umwelt wie auch der Anlage Theorie (vgl. Bischof-Köhler 2006, S. 39ff.). Ursula Althensteadt und Dorothee Alfermann warnen in ihrem Buch „Geschlechterrollen und ihre Folgen: eine sozialpsychologische Betrachtung" davor, Geschlechterstereotypen als präskriptive Erwartung, die vorgibt wie eine Frau oder ein Mann zu sein hat, zu missbrauchen. Solange Geschlechterstereotypen dazu dienen die Welt einfacher zu gestalten, sind sie hilfreich. Werden sie aber als Vorgaben gehandhabt, resultieren aus Stereotypen gleichzeitig Erwartungen. Werde diese Erwartungen nicht erfüllt, führt dies zu Überraschung, Unmut bis hin zur sozialen Sanktionierung (vgl. Alfermann; Althensteadt 2011, S. 5f.). Unsere Gesellschaft ist voll von stereotypen Erwartungen an Frauen. Diese gesellschaftlichen Erwartungen, gepaart mit der kulturellen Sozialisation und biologisch bedingten Verhaltensmuster, lassen in den Köpfen von Frauen Verhaltens- und Denkmuster entstehen, die ihre Erwartung an sich selbst beeinflussen. (vgl. Schaufler 2000, S. 26 ff.) Die im folgenden Kapitel aufgeführten Verhaltens- und Denkmuster von Frauen sollen also nicht als Stereotype, die nicht zu ändern sind, gewertet werden; vor allem aber nicht als selbsterfüllbare Prophezeiungen. Vielmehr wird versucht, Ursachen und Gründe für die Unterrepräsentanz von Frauen in Führungspositionen zu erkennen, die aus den Erwartungen von Frauen an sich selbst resultieren. Das Bewusstsein für das Vorhandensein solcher inneren Barrieren bietet Frauen die Möglichkeit, diese zu identifizieren und dagegen anzugehen. Dadurch kann wiederum die gläserne Decke ein Stückchen durchlässiger werden.

Die Liste der typisch weiblichen und typisch männlichen Verhaltens- und Denkmuster ist lang und je nach Autor werden andere Schwerpunkte gelegt. Im Folgenden wurden die weiblichen Denk- und Verhaltensmuster ausgewählt, die sich im Hinblick auf das Erreichen der Führungsposition als besonders hinderlich erweisen (vgl. Henn 2009, S. 42ff.). Wobei die Problematik im Rahmen der vorliegenden Arbeit nur sehr oberflächlich betrachtet werden kann, denn die Erwartungen an Frauen und die Erwartungen an eine Führungskraft sind oft sehr konträr und auch das schon im Kapiteln 4.2.1. erwähnte Paradoxon gestaltet die Thematik sehr komplex (Henn 2009, S. 41f.).

6.1. Fleiß und Perfektionismus

Eine bekannte Barriere in den Köpfen der Frauen, die dazu führt, dass die gläserne Decke von unten stabil bleibt, ist Fleiß in Verbindung mit Perfektionismus. Im Rahmen seiner Studie zum Thema *Frauen in Führungspositionen. Barrieren und Brücken*, kam Dr. Carsten Wippermann zu dem Ergebnis, dass die Mehrheit der Frauen meint, mehr leisten zu müssen als Männer, um beruflich erfolgreich zu sein (Wippermann 2010, S. 37). Glaubenssätze wie: ‚Eine Frau muss doppelt so viel leisten und doppelt so gut sein wie ein Mann um nur halb so geschätzt zu werden', kursieren in der Gesellschaft und in den Köpfen von Frauen (vgl. Alfermann 1993 zit. nach Henn 2009, 51f. und Rockstroh; Rockstroh 2011, S. 181). So sind Frauen häufig der Meinung, besonders perfekt und fehlerfrei arbeiten zu müssen. Während Männer auch mit einem nicht ganz perfekten Ergebnis zufrieden sind. Frauen werden durch innere Glaubenssätze, wie im obigen zitierte, innerlich dazu angetrieben besonders sorgfältig zu sein. Das geht soweit, dass Frauen hervorragende Ergebnisse immer wieder verbessern und so kostbare Zeit verlieren und nie wirklich zufrieden sind. Sie verstricken sich dadurch häufig in Details und wundern sich darüber, dass ihre männlichen Kollegen „allen Fehlern zum Trotz - auf der Karriereleiter an ihnen vorbeiklettern." (Rockstroh; Rockstroh 2001, S. 183). Denn Perfektionismus ist nicht das, was erwartet wird, wenn man in der Wirtschaft Karriere machen möchte. Vorgesetzte (meist Männer) bemängeln diesen sogar oft indirekt, indem sie sich über die lange Dauer oder den zu großen Umfang, mit der eine Aufgabe erledigt wurde, beschweren. Sie erwarten viel mehr, dass Aufgaben kompakt und schnell erledigt werden (vgl. Gawrich; Topf 2012, S. 196).

Neben ihrem Perfektionismus oder auch deswegen sind Frauen oft besonders fleißig. Brigitte Witzer widmet ihr Buch „Die Fleißlüge. Warum Frauen im Hamsterrad landen und Männer im Vorstand" dem Thema Fleiß als Hindernis für Frauen und ihren Karrierechancen. Sie vergleicht Frauen mit fleißigen Bienen, die das Wohl der Firma und die Arbeit als oberste Priorität ansehen. Frauen sehen Fleiß, unabhängig in welchem Zusammenhang, als lobenswert an. Fleiß an sich ist aber ein neutraler Begriff. Trotzdem, hat er sich in unserer Gesellschaft als etwas Positives durchgesetzt und wird immer wieder positiv konnotiert. Frauen arbeiten effektiv – sie tun die richtigen Dinge – oft auf Kosten der Effizienz. Laut Witzer sind Frauen besonders anfällig dafür, sich dem Fleißig sein an sich zu widmen und dabei ihr Talent und ihre Träume zu vergessen (vgl. Witzer 2015, S. 75ff.). Frauen sind dadurch natürlich eine unersetzliche Stütze im Unternehmen. Sie arbeiten lange und machen daraus kein großes Aufheben, sie sind gewissenhaft und perfektionistisch. Fleiß ist wesentlich für Tätigkeiten, die sich dauernd wiederholen. Er kann auch einer Sache Inhalt geben, die langweilig und wenig anspruchsvoll ist. Frauen sind laut Witzer durch Jahrtausende lange ‚bloße Hausarbeit' besonders gut darin trainiert fleißig zu sein. Sie haben gelernt, nicht wahrzunehmen, wie extrem unterfordert sie sind (vgl. Witzer 2015, S. 90ff.). So arbeiten sich Frauen in Themen und Bereiche ein, egal wie schwer diese sind und wie wenig interessant. Sie gehen mit einer hohen Verbindlichkeit an jede Aufgabe heran, die ihnen anvertraut wird. Frauen arbeiten oft schon in ganz frühen Morgenstunden und bis tief in die Nacht. Fleiß und Perfektionismus sind auch durchaus notwendig, in Bereichen wie Forschung und Entwicklung sind sie sogar unerlässlich. Auch in der Wirtschaft im unteren und mittleren Management werden für die meisten Aufgaben Fleiß und oft Perfektionismus benötigt. Die Spielregeln, die in der Führungsliga der Wirtschaft herrschen, basieren aber nicht auf Fleiß. In höheren Führungsetagen wird viel mehr politisches Handeln, welches Zusammenhänge gestaltet, erwartet. Benötigt wird auch die Fähigkeit eigene Visionen und Haltung durchzusetzen, was mit Einflussnahme einhergeht. In den Spitzenpositionen ist Fleiß nur von sekundärer Bedeutung. Es geht in den obersten Etagen viel mehr um Strategien und Macht. Fleiß ist „wirklich nur höchst selten eine hilfreiche Strategie, wenn es um Macht geht." (Witzer 2015, S. 92). So passiert es häufig, dass der Chef seine Netzwerke pflegt, indem er mit anderen einflussreichen Männern luxuriös Essen geht, während seine Mitarbeiterin fleißig „das Hamsterrad am Laufen hält." (Witzer 2015, S. 96). So treiben Frauen oft ihre Karriere mit viel Perfektionismus, Engagement und vor allem Fleiß voran und erreichen so auch verantwortliche Positionen im mittleren Management. Auf dieser Stufe der Karriereleiter bleiben sie dann aber leider stecken. Denn die Führungskräfte wissen sehr gut, wie ein Ziel zu erreichen ist. Sie sind allesamt kluge Strategen. Ein Ziel zu erreichen ist ihnen viel wichtiger, als die Meilensteine auf dem Weg dahin. Das Problem ist dabei, dass ihre meist weiblichen Mitarbeiterinnen zu den Meilensteinen gehören. Es sind Frauen, die fleißig an den Inhalten arbeiten. Inhalte werden aber oft zu Gunsten von Strategiewechseln beiseite geschoben. Inhalte sind aber an Strategien geknüpft. Ändert sich die Strategie, was im Unternehmen nicht selten vorkommt, ändern sich auch automatisch die relevanten Inhalte. So sind für machtbewusste Männer an der Spitze der Wirtschaft Inhalte und somit auch die Frauen, die diese Inhalte liefern durchaus austauschbar (vgl. Witzer 2015, S.94f.). Die Kunst besteht also darin sich unentbehrlich zu machen. Fleiß ist dabei definitiv der falsche Weg. Der Einsatz zählt für Männer nicht wirklich, sie sind viel mehr an Ergebnissen orientiert. So ist es für die Karriere nicht von Bedeutung, wie viele Stunden man arbeitet und wie viele Kleinigkeiten man für den Chef erledigt hat. Viel wichtiger ist es, prestigeträchtige Aufgaben zu übernehmen und messbare Resultate vorzuweisen (vgl. Rockstroh; Rockstroh 2001, S. 204).

An den Regeln der Wirtschaft wird sich so schnell nichts ändern, sie sind von Männern für Männer gemacht. Die gläserne Decke ist auch in diesem Fall ein Produkt von patriarchalen Gesellschaftskonstruktionen und Frauen wirken mit ihrem Fleißigsein unbewusst mit daran, die gläserne Decke durchsichtig aber undurchdringbar zu halten (vgl. Witzer 2015, S. 89ff.). Wahrscheinlich gibt es nicht zuletzt deshalb zahlreiche Bücher zum Thema Fleiß und Aufstiegschancen wie z.b.: „Fleißige Frauen arbeiten, kluge machen Karriere" (Kaminski; Rupprecht-Stroell), oder „Fleißige Frauen arbeiten, schlaue steigen auf" (Schneider) um nur einige zu nennen. Diese Bücher sollen Frauen bewusst machen, dass die gläserne Decke mit Perfektionismus und Fleiß zwar von unten poliert werden kann, aber weder Perfektionismus noch Fleiß hilfreich sind, um die gläserne Decke zu durchbrechen.

6.2. Selbstunterschätzung und Selbstzweifel

Ein weiteres Hindernis in den Köpfen der Frauen, das sie daran hindert die gläserne Decke durchzubrechen, ist die weibliche Selbstunterschätzung und der Selbstzweifel. Doris Bischof-Köhler hat an Hand von diversen Untersuchungen festgestellt, dass es bereits im Kindesalter generelle Unterschiede im Verhalten von Mädchen und Jungen gibt. Sie widmet in ihrem Buch „Von Natur aus anders" ein ganzes Kapitel speziell dem Thema Selbstvertrauen. An Hand von Experimenten führt sie den Beweis an, dass bereits im Grundschulalter Jungs viel eher bereit sind Risiken einzugehen und viel überzeugter sind von ihrem Erfolgspotential als Mädchen. Mädchen vermeiden Misserfolge, in dem sie sich von vornerein nicht auf eine Wettkampfsituation einlassen. Dieses zögerliche Verhalten lässt sich, laut Bischof-Köhler damit begründen, dass Mädchen die Ursache für ihre Misserfolge bei sich selbst suchen, Jungs hingegen sind der Meinung der Misserfolg sei durch äußere Umstände (Pech, Zufall, Störung durch andere) bedingt. Bezeichnend ist dabei, dass Mädchen die Ursache für ihren Erfolg den äußeren Umständen zusprechen (Glück, Zufall, Hilfe von Außen), während Jungs ihren Erfolg mit Stolz als Eigenleistung anerkennen. Die weibliche Art mit Erfolg und Misserfolg umzugehen ist ganz klar nicht sehr förderlich für das Selbstbewusstsein und führt dazu, dass Mädchen sich lieber unterschätzen, um sich vor Misserfolgen zu schützen. Und obwohl Mädchen bereits in der Grundschule bessere Noten vorweisen können als Jungs, zweifeln sie trotzdem an ihren Fähigkeiten und neigen dazu, sich ihre Erfolge klein zu reden (vgl. Bischof-Köhler 2011, S. 248 ff.). Dieses Muster zieht sich weiter ins Berufsleben. Laut Christof Baitsch geht aus vielen Untersuchungen hervor, dass die Selbstattribution, also die Zuschreibung von Kompetenzen und Inkompetenzen im Hinblick auf die eigene Person (vgl. Henn 2009, S. 48) auch bei erwachsenen Frauen und Männern unterschiedlich verläuft. Frauen schreiben ihre beruflichen Erfolge oft den günstigen Umständen, der geringen Anforderung oder anderen Menschen, die sie unterstützten, zu. Bei beruflichen Misserfolgen suchen sie hingegen die Ursachen bei sich selbst. Das hat zur Folge, dass Frauen sich häufiger als geringer qualifiziert einschätzen, als ihre männlichen Kollegen (vgl. Baitsch 2004, S. 16). Zum Teil werden die weiblichen Selbstzweifel und die Unterschätzung durch die Bedingungen unserer Arbeitskultur unterstützt. In der Wirtschaft und Gesellschaft werden Frauen oft noch als das schwächere Geschlecht angesehen. Vielleicht verinnerlichen Frauen das, was sie von außen ständig suggeriert bekommen. Vielleicht liegt das auch an ihrer Überzeugung, bescheiden sein zu müssen um beliebt zu sein, sodass sie sich unterbewusst kleiner machen als sie tatsächlich sind. Tatsache bleibt, dass Frauen oft von Selbstzweifeln geplagt werden und an Selbstunterschätzung leiden (vgl. Schaufler 2000, S. 36f.). Diese Zweifel und Unterschätzung führen eben dazu, dass sie oft nicht einmal probieren die gläserne Decke zu durchstoßen. Das Vertrauen in eigene Fähigkeiten ist nämlich einer der wichtigsten Erfolgsfaktoren für den Aufstieg in eine Führungsposition (vgl. Gawrich; Topf 2012, S. 200f.). Wenn Führungskräfte Frauen eine höhere Position anbieten, machen sie häufig die Erfahrung, dass diese mit der Frage, ob man ihnen solch eine Position tatsächlich zutraue, auf das Angebot reagieren. Im Vergleich dazu reagieren Männer in der gleichen Situation mit einer Frage nach der Steigerung des Gehalts. Oft versuchen Frauen erst gar nicht sich um eine höhere Position zu bewerben, da sie von vornehrin davon ausgehen, dass es nicht möglich sein wird diese zu erreichen (vgl. Gawrich; Topf 2012, S. 201ff.). Meistens sind Frauen der Meinung erst 100 Prozent wissen zu müssen, ehe sie sich tatsächlich um eine Stelle bewerben. Im Vergleich dazu, meinen Männer 50 Prozent an Wissen haben zu müssen und den Rest vortäuschen zu können (vgl. Youg 2011, S. 249). So bremsen sich Frauen auf dem Weg an die Spitze leider häufig selbst aus. Viele kluge, erfolgreiche Frauen leiden zudem unter dem sogenannten Hochstapler-Syndrom. Diesen Begriff haben bereits im Jahr 1978 die Psychologinnen Pauline Rose Clance und Suzanne Imes geprägt. Im Rahmen einer Studie mit 150 erfolgreichen Berufstätigen stellten sie fest, dass Menschen, die vom Hochstapler-Syndrom betroffen sind – unabhängig von der äußeren Anerkennung und Erfolg – immer das Gefühl haben nicht gut genug zu sein für die Position, die sie erreichten und die Anerkennung nicht verdienen. Während Männer selten und wenn, dann nur flüchtig von diesem Problem betroffen sind, ist es bei Frauen eine chronische Belastung. Obwohl diese Frauen hervorragende Leistungen erbringen und ihre Kompetenzen überdurchschnittlich sind, werden sie das Gefühl, sich ihre Position unrechtmäßig erschlichen zu haben, nicht los (vgl. Clans 1978, zit. nach Pinker 2008, S. 245ff.). Vielleicht um diesem Gefühl entgegen zu wirken, lenken Frauen häufig die Aufmerksamkeit auf ihre Schwächen und Fehler. Sie stellen sich kleiner dar, als sie sind. Und während sie noch zweifeln, ob sie die richtige Kandidatin für eine Führungsaufgabe sind und ob ihr Wissen und ihre Führungsqualitäten ausreichen, „werden sie von den männlichen Kollegen mit schlechterem Abschluss und weniger Erfahrung längst überholt." (Heiß 2001, S. 75). Wenn Frauen aber an sich selbst zweifeln und nicht von ihren Fähigkeiten überzeugt sind, wirken sie automatisch nicht überzeugend auf andere. Vielmehr gelten sie als unentschlossen und unsicher. Gefühle wie Selbstzweifel und Selbstunterschätzung und die daraus resultierende Unsicherheit gehören einfach nicht in die Führungsebene (vgl. Heiß 2001, S. 73ff.). So sind die Selbstunterschätzung und Selbstzweifel in den Köpfen der Frauen ein weiterer Treiber für die gläserne Decke.

6.3. Bescheidenheit und Zurückhaltung

Zu den oben beschriebenen Selbstzweifeln und der Selbstunterschätzung kommt eine weitere Barriere hinzu, nämlich Bescheidenheit und Zurückhaltung. In Rahmen eines Experimentes untersuchten Laurie Heatherington, Andrea Burns und Timothy Gustafson das Verhalten von Frauen im Hinblick auf Bescheidenheit. Studenten und Studentinnen sollten zu Anfang des Semesters eine Prognose für ihre Noten abgeben. Haben Frauen und Männer diese Prognose anonym abgegeben, haben sich die Notenerwartungen beider Geschlechter nicht voneinander unterschieden. Sollte die Note in einem offenen Gespräch prognostiziert werden, gaben Frauen schlechtere Prognosen ab, als ihre männlichen Kollegen. In dem Kapitel „Sex roles" im Journal of Research zeigen Heatherington et al. die Gründe für die offensichtliche Bescheidenheit der Studentinnen auf. Sie stellten fest, dass Frauen darauf bedacht sind Gleichwertigkeit in ihren sozialen Beziehungen herzustellen und beizubehalten (vgl. Heatherington et al. 1998, S. 889f.). Bärbel Rockstroh und Sebastian Rockstroh führen diese Thematik noch weiter aus. Sie weisen darauf hin, dass schon von kleinen Mädchen Bescheidenheit, Zurückhaltung und Unauffälligkeit erwartet wird. Das kollektive weibliche Unterbewusstsein wird von dieser Erwartung geprägt. Verstärkt wird dies zusätzlich durch die geschlechterspezifische Kommunikation. Während Männer statusorientiert kommunizieren mit dem Ziel Unabhängigkeit zu demonstrieren und die eigene Position zu stärken oder zu verteidigen, sind Frauen viel mehr darauf bedacht, im Gespräch Beziehungen und Nähe herzustellen und so Isolation zu vermeiden. Um sich nicht hervorzuheben und somit eine Distanz herzustellen, spielen sie ihre Fähigkeiten und ihren Sachverstand herunter. Sie gehen sogar so weit, dass sie ihre Schwächen und Misserfolge betonen, um so Verbundenheit mit ihrem Gegenüber herzustellen. Sind Frauen unter sich, funktioniert diese Art von Kommunikation auch hervorragend. Problematisch wird es, wenn Frauen auf die gleiche Art mit Männern kommunizieren. Denn dann wirken sie schwach oder sogar inkompetent und unterwürfig. Männer gehen nämlich in ihrer Logik davon aus, dass Frauen ihre Fähigkeiten hervorheben würden, wenn sie tatsächlich welche hätten (vgl. Rockstroh; Rockstroh 2001, S. 212f.). Und da die meisten Führungskräfte immer noch männlich sind, ist diese Art von Kommunikation für den Aufstieg der Frauen äußerst hinderlich. Frauen warten oft bis sie bemerkt werden. Es fällt ihnen schwer, ihr Können und ihre harte Arbeit sowie ihre erfolgreichen Projekte, ihre Entschlossenheit und Durchhaltevermögen klar und deutlich zu äußern und hervorzuheben. Viele Frauen machen auch den Fehler zu glauben, dass sie auf Grund von ihrer Leistung entdeckt werden, wenn sie nur gewissenhaft und fleißig genug arbeiten (vgl. Kapitel 5.1.3.). Sie sind der Meinung, gute Arbeit spricht für sich selbst. Wenn man aber nicht über sie spricht, spricht gute Arbeit auch nicht für sich (vgl. Gawrich; Topf 2012, S. 195). In ihrer Bescheidenheit und Zurückhaltung neigen Frauen oft dazu, abzuwarten und nicht zu formulieren, was sie möchten. Während Männer ihre Ansprüche äußern, noch bevor diese fällig sind, warten Frauen bis sie gebeten werden eine höhere Position anzunehmen. Was von alleine selten bis gar nicht geschieht. Es fällt Frauen schwer zuzugreifen und Chancen wahrzunehmen (vgl. Kaminski; Rupprecht-Stroell 1997, S. 265). So ist für Frauen die vermeintlich erwartete, konsequent gelebte Bescheidenheit ein Hindernis auf dem Weg in die Spitzenpositionen. Denn Selbstmarketing oder Eigen-PR ist absolut unerlässlich, um vorwärts zu kommen. Das bedeutet nicht, dass Frauen gleichermaßen prahlen sollen wie die Männer. Vielmehr sollen sie nicht immer ihr eigens Licht unter dem Scheffel stellen. Sie sollten anfangen eigene Stärken und nicht die Schwächen zu präsentieren. Um die gläserne Decke zu durchbrechen müssen Frauen bereit sein, ihren Erfolg täglich nach außen zu kommunizieren. Wichtig ist, dass auch die, die in der Hierarchiestufe weiter oben stehen, von ihren Erfolgen erfahren (vgl. Gawrich; Topf 2012, S. 195 f.). Frauen müssen ihre Ansprüche äußern und verlangen, was ihnen ihrer Meinung nach an Positionen zusteht. Bleiben sie bescheiden und zurückhaltend werden sie weiter unbeachtet unter der gläsernen Decke ausharren müssen.

6.4. Gemeinschaft und Harmonie

Der amerikanische Psychologe Marshall Rosenberg hat im Rahmen seines Konzepts der gewaltfreien Kommunikation sieben Menschliche Grundbedürfnisse definiert. Eines dieser

Grundbedürfnisse ist das Bedürfnis nach *Kontakt*, konkret nach *Wertschätzung* (vgl. Rosenberg 2005, S. 216). Friedemann Schulz von Thun, ein bekannter deutscher Psychologe und Kommunikationswissenschaftler, arbeitete in seinen Büchern „Miteinander Reden 1-3" vier menschliche Grundbedürfnisse aus. Eins dieser Bedürfnisse ist das *Wertvoll sein* (vgl. Schulz von Thun 2003-2008). Beide Psychologen sind sich darin einig, dass es für jeden Menschen wesentlich ist, sich wertvoll fühlen zu können oder wertgeschätzt zu werden. Um Wertschätzung zu erfahren suchen Menschen in ihrem Umfeld Bestätigung und verhalten sich entsprechend um diese zu bekommen. Frauen fühlen sich wertgeschätzt und bestätigt, wenn sie gemocht werden (vgl. Rockstroh; Rockstroh 2001, S. 187f.). Laut Birgit Schaufler definieren sich Frauen durch die Beziehungen zu anderen Menschen, sie streben nach Harmonie und Gemeinschaft. Es ist für sie von großer Bedeutung Kontakte zu pflegen und Teil einer Gruppe zu sein. Es fällt Frauen schwer ‚nein' zu sagen, denn sie wollen mit ihren Mitmenschen in Harmonie und Einklang leben. Dieses Bedürfnis nach Gemeinschaft und Harmonie fördert aber Verhaltenstendenzen, die kontraproduktiv sind für den eigenen Aufstieg (vgl. Schaufler 2000, S. 36). In einer Führungsposition kommt es nicht darauf an, wie beliebt man ist. In der Führungsebene muss man unpopuläre Entscheidungen treffen können, die polarisieren und für Disharmonie sorgen (vgl. Rockstroh; Rockstroh 2001, S. 188). Diese vermeintliche Unbeliebtheit versuchen Frauen aber zu vermeiden. Es fällt ihnen auch entsprechend schwer, anderen zu zeigen wo es hingeht, denn dadurch könnten sie sich auch unbeliebt machen und sich gleichzeitig von der Gemeinschaft abgrenzen (vgl. Schaufler 2000, S.36).

Den Weg nach Oben anzustreben bedeutet für Frauen die wohlbekannte Gemeinschaft zu verlassen und diese gegen ein Einzelgänger-Dasein einzutauschen. Denn Tatsache ist, dass Frauen, die Karriere machen, meist eine Ausnahme darstellen und zu einer Minderheit im Unternehmen gehören. Solche Frauen werden oft auch als *Token Woman* bezeichnet. Token meint in diesem Zusammenhang ‚Etikett' oder ‚Aushängeschild'. Da es an der Spitze nach wie vor nur wenige Frauen gibt, ist jede Frau, die eine Führungsposition erreicht hat, ein ‚seltenes Ereignis' und steht so unter besonderer Beobachtung. Oft wird sie auch als eine Abweichlerin, die es gewagt hat, in die Männerdomäne einzudringen, behandelt. Jeder noch so kleine Fehler, den sich eine solche Frau leistet, wird sofort wahrgenommen und beurteilt (vgl. Henn 2009, S. 73f.). Und zwar nicht nur von den männlichen Kollegen, sondern auch von ihren früheren Kolleginnen aus dem mittleren Management. Die Aussicht als Aushängeschild zu fungieren und zu keiner Gemeinschaft mehr zu gehören ist für viele Frauen erschreckend und hemmt sie dabei, ihre Karriere bis an die Spitze zu verfolgen.

Auch die Frauengemeinschaft selbst ist nicht gerade das, was Frauen hilft, Karriere zu machen. Denn bereits die Tatsache, dass eine Frau Verantwortung und Macht übernehmen möchte, empfinden ihre Geschlechtsgenossinnen oft als Bedrohung. In einer weiblichen Gemeinschaft herrscht nämlich das ungeschriebene Gesetz: „Wir sind Gleiche unter Gleichen" (vgl. Rockstroh; Rockstroh 200, S. 195). Sie toleriert nicht, dass eine Frau es wagt sich über andere zu erheben. Selbstbestimmung sowie Individualität passen nicht zum allgemein akzeptierten Frauenbild, ebenso wenig wie sichtbarer beruflicher Erfolg. Verhaltensweisen, die nicht vertraut sind und nicht den üblich bekannten Rollenzuschreibungen entsprechen, verunsichern die Gemeinschaft und stören die Gruppen-Harmonie (vgl. Alfermann; Althensteadt 2011, S. 5f.). Hinzu kommt, dass eine erfolgreiche Frau manch einer anderen Frau unbewusst den Spiegel vorhält, indem sie die eigene Unfähigkeit oder Unwilligkeit erkennt. So neigen Frauen dazu, sich gegenseitig lieber klein zu halten. Strebt eine Frau eine Führungsposition an, stellen die anderen Frauen ihr Talent oder sogar ihre Person in Frage. Auf diese Weise wird jede aufstrebende Frau heruntergezogen (vgl. Rockstroh; Rockstroh 2001, S. 194f.). In der Literatur findet man dieses Phänomen unter der Bezeichnung ‚Krabbenkorb' (vgl. Krumpholz 2004, S. 86). Auch die Krabben könnten aus dem Krabbenkorb, in dem sie gefangen sind, durchaus entkommen. Versucht aber eine Krabbe aus dem Korb zu entfliehen, indem sie nach oben klettert und den Deckel hochstemmt, sorgen die anderen Krabben dafür, dass diese nicht entkommen kann, indem sie sie an ihren Beinen wieder herunterziehen (vgl. Krumpholz 2004, S. 86). So auch in Unternehmen: versucht eine Frau eine Führungsebene zu erreichen, was grundsätzlich nicht einfach ist, sorgen ihre Kolleginnen dafür, dass sie brav unterhalb der gläsernen Decke bleibt. Natürlich sind nicht alle Frauen gleich. Vor allem so genannte Alpha–Frauen, die selbst über Führungsqualitäten verfügen und schon eine Führungsebene erreicht haben, sind viel eher bereit, andere Frauen in ihrer Karriere zu unterstützen. Beta-Frauen, die wenig Führungsqualitäten haben und nur ein bedingtes Maß an Fachwissen und Entschlusskraft mitbringen, um selbst die gläsernen Decke zu durchbrechen, reagieren öfter neidisch auf eine Kollegin, die sie auf der Karriereleiter zu überholen versucht. Dies zeigt sich insbesondere in ihrem Verhalten: sie sorgen für Disharmonie, lästern, geben spitze Bemerkungen ab und sabotieren sogar die Arbeit der aufstrebenden Kollegin. Die karrierewilligen Frauen sind von diesem Verhalten besonders verletzt. Sie sehen sich ja weiterhin als ein Teil der Gemeinschaft und wünschen sich Nähe und das Gefühl dazuzugehören. Die unterschwellige Ablehnung trifft Frauen besonders stark, denn von ihren männlichen Kollegen hätten sie Ablehnung erwartet, dass sie von ihren

Geschlechtsgenossen angefeindet werden ist für Frauen jedoch nicht so leicht zu ignorieren (vgl. Rockstroh; Rockstroh 2001, S. 194f.).

Frauen müssen verstehen, dass sie auf dem Weg an die Spitze mit Neid und Ablehnung konfrontiert werden. Teilweise müssen sie sich bewusst gegen das Beliebtsein und die Gemeinschaft und die Harmonie zu Gunsten von ihrer Karriere entscheiden, so schwer es ihnen auch fällt. Zum andern müssen sie sich andere Gruppen suchen, um das Bedürfnis nach Gemeinschaft und Harmonie zu befriedigen. Vorbilder und Netzwerke sind eine wichtige Alternative, sie helfen Frauen sich wieder angenommen zu fühlen und erzeugen das Gefühl von Gemeinschaft. Auf diese Weise können Frauen mit Hilfe von Netzwerken und Vorbildern den Durchbruch durch die gläserne Decke wagen und schaffen (vgl. Rockstroh; Rockstroh 2001, S. 194ff. & Kaminski; Rupprecht-Stroell 1997, S. 270ff.).

So bilden all diese Barrieren und Schranken in den Köpfen der Frauen eine vielschichtige, schwer durchdringbare Decke auf dem Weg in die Führungsebene. Sie verzahnen sich mit den strukturellen, kulturellen und personellen Barrieren und den Barrieren, die durch die männlichen Mentalitätsmuster entstehen. Jede einzelne Barriere in sich ist nicht einfach zu durchbrechen, in ihrem Zusammenspiel wird die gläserne Decke zu einem fast undurchdringbaren Hindernis.

7. Was ist zu tun?

Was kann man tun, um die mehrfach gesicherte gläserne Decke durchlässig zu machen? Die Arbeits- und Organisationspsychologin Trix Angst schlägt vor, eine Dreifachstrategie anzuwenden um die gläserne Decke durchzustoßen. Ihr Ansatz richtet sich vorwiegend an die Individuen, denn bei den Individuen fängt die Veränderung von Einstellungen und Verhalten an. Die drei Gruppen von Individuen, die ihrer Meinung nach angesprochen werden müssen, sind Führungskräfte, Personalverantwortliche und Frauen selbst (vgl. Angst 2008, S. 130f.).

Das deutsche Forschungsprojekt, Enter! Frauenkarrieren und Unternehmenskultur' hat deutlich gemacht, wie sehr die Geschlechterkultur als Teil der Organisationskultur insbesondere durch Führungskräfte und andere Personen in einer exponierten Position (Vorstand, Geschäftsführer) aufgebaut und fundiert wird (vgl. Keindorf; Haber 2010). So hängen die Erfolgsfaktoren für Frauen im Hinblick auf Führungspositionen insbesondere von den Führungskompetenzen und Führungsverständnis der Führung ab. Auch Personalverantwortliche und Frauen selbst sind verantwortlich dafür, wie die

Unternehmenskultur sich entwickelt (vgl. Angst 2008, S. 131 ff.). Deshalb ist es wesentlich, die Führungskompetenzen im Hinblick auf Frauen und Führung gezielt zu fördern.

7.1. Genderkompetenz fördern

Eine der wesentlichen Kompetenzen, die gefördert werden müssen, ist die Genderkompetenz. Genderkompetenz bedeutet, dass man Stereotype und ‚typisch weibliche' oder ‚typisch männliche' Eigenschaftszuschreibungen bewusst wahrnimmt, hinterfragt und in der Lage ist, dies aufzulösen. Damit könnten die kulturellen Barrieren und auch die Barrieren, die auf Grund von männlichen Mentalitätsmustern entstehen, angegangen werden. Trix Angst schlägt vor, entsprechende Weiterbildungsmaßnahmen bewusst in bereits bestehende Weiterbildungsangebote zu integrieren und diese nicht extra unter einem Gender-Etikett zu führen. So könne man Themen, die Frauen und Führung betreffen, gleichwertig als ein Modul neben anderen Themen wie z. B. ‚Mitarbeitergespräche führen' behandelt. Bestehende Stereotype können so im Rahmen einer klassischen Weiterbildung aufgezeigt und diskutiert werden (vgl. Angst 2008, S. 131). Auf diese Weise können kulturelle Barrieren in Form von stereotypen Zuschreibungen eingerissen werden, männliche Mentalitätsmuster allmählich verändert und auch Barrieren in den Köpfen der Frauen allmählich eingerissen werden.

Auch durch Mentoring-Programme lassen sich Stereotype aufweichen. Trix Angst führt eine große Schweizer Versicherungsfirma als Beispiel für gelungene Mentoring-Programme an. Diese Mentoring-Programme sollen sensibilisieren im Hinblick auf Ähnlichkeiten und Unterschiede zwischen Männern und Frauen. Der Mehrwert, der entstehen kann, wenn man die weibliche und männliche Art zu denken kombiniert, soll mit Hilfe dieser Projekte erkannt werden (vgl. Angst 2008, S. 132). Führungskräfte (die zurzeit ja immer noch in der Mehrzahl männlich sind) können so davon überzeugt werden, dass Frauen tatsächlich monetäre Vorteile fürs Unternehmen bringen. Und dass das Humankapital Frau nicht zwingend höhere Transaktionskosten bedeutet (vgl. Henn 2009, S. 33). Auch auf diese Art würde man daran arbeiten, die strukturellen Barrieren einzureißen.

7.2. Chancengleichheit gezielt vorantreiben

Geben Vorgesetzte Vorgaben zur Frauenförderung und gehen sie selbst mit gutem Beispiel voran, können sie viel bewirken. Sie treiben die Chancengleichheit beider Geschlechter als sogenannte Change Agents voran. Petra Dick und Rolf Wunderer (Institut für Führung und Personalmanagement Universität St. Gallen) erarbeiteten einen integrativen Ansatz zu diesem Thema (vgl. Dick; Wunderer 1997, S. 117). In drei Schritten sollen genügend

Anreize geschaffen werden, um eine ausgewogene Vertretung von Frauen und Männern in Führungspositionen zu erreichen. Im ersten Schritt sollen die Vorgesetzten auf das Thema Frauen in Führungspositionen aufmerksam gemacht und sensibilisiert werden. Das geschieht in Tagungen, Einzelgesprächen und Workshops. Im zweiten Schritt werden mit den Vorgesetzten gemeinsam konkrete Handlungsstrategien erarbeitet. Dies dient dem Aufbau von Vereinbarungen und Handlungskompetenz. Im dritten Schritt sollen positives Verhalten in Bezug auf Chancengleichheit und die Förderung von Frauen, die eine Führungsposition anstreben, honoriert werden. Wenn ein vorher formuliertes Ziel zur Chancengleichheit erreicht wurde, kann es z. B. positiv in die Leistungsbeurteilung einfließen und entsprechend belohnt werden (vgl. Dick; Wunderer 1997, S. 117). Kulturelle Barrieren und Mentalitätsmuster können so langsam bearbeitet werden, um neue Denkweisen zu entwickeln und eine Offenheit Frauen gegenüber zu fördern.

7.3. Bewusstes Gestalten von Veränderungsprozessen

Frauen in eine Männerdomäne wie Führung aufzunehmen, heißt eine neue Unternehmenskultur zu entwickeln. So eine Kulturentwicklung ist ein Prozess und erfordert Zeit und Einsatz. Die Einstellung der Mitarbeiter Neuerungen gegenüber wird von zwei Faktoren bestimmt. Zum einen von der Übereinstimmung mit den inhaltlichen Zielen, zum anderen von dem Vertrauen, welches man dem Vorgesetzten entgegenbringt (vgl. Angst 2008, S. 133). Die Forschungsgruppe *Enter* hat diese fünf Einstellungen systematisiert und mit Handlungshinweisen für Vorgesetzte versehen. Es gibt die Gruppe der **Verbündeten,** bei der das Vertrauen in die Führung und die Übereinstimmung mit den Zielen hoch ist. Hier gilt es Rat zu holen und Konsens zu sichern. In der Gruppe der **Gleichgesinnten** ist das Vertrauen zwar niedrig, aber die Übereinstimmung hoch. Hier sollte man Kooperation anbieten und das Vertrauen bewusst stärken. Bei den **Opponenten** ist das Vertrauen hoch, die Übereinstimmung mit den Zielen jedoch niedrig. Hier muss die Position geklärt und die Kritik ernst genommen und gewürdigt werden. In die Gruppe der **Gegner** sollte man wenig Zeit und Energie investieren, da sie weder Vertrauen haben noch mit der Führung übereinstimmen; man darf jedoch ihre Position nicht ignorieren und muss transparent bleiben. Der Gruppe der **Unentschiedenen** muss man die eigene Position erläutern und gleichzeitig Interesse für ihre Position zeigen, um sich gegenseitig austauschen (vgl. Haber et al. 2011, S. 42 ff.). Mit Hilfe von diesen Handlungshinweisen kann eine Führungskraft allmählich die Kultur in ihrem Unternehmen zu einer höheren Akzeptanz von Frauen in Führungspositionen hinwenden und so mehr Chancengleichheit fördern (vgl. Angst 2008, S.133). Auf diese Art können kulturelle Barrieren allmählich verschwinden und die

Mentalitätsmuster in den Köpfen der Männer verändert werden. Auch Frauen können so an Selbstbewusstsein gewinnen und ihre Denkmuster allmählich verändern. Dafür braucht man aber Führungskräfte, die die Chancengleichheit als Ziel sehen und davon überzeugt sind, dass mehr Frauen in der Führung für ein Unternehmen Vorteile bringen.

7.4. Verantwortung des Personalmanagements

Verantwortlich dafür, dass mehr Führungspositionen mit Frauen besetzt werden, sind nicht nur Führungskräfte, sondern auch Personalverantwortliche. Trix Angst betont, wie wichtig eine faire und geschlechterneutrale Leistungsbewertung ist. Man kann durchaus davon ausgehen, dass Führungskompetenzen normalverteilt sind (vgl. Kapitel 3.3.). So scheint es am Bewertungsmaßstab zu liegen, dass so wenige Frauen für eine Führungsposition gewählt werden (vgl. Kapitel 4.1.). Sollen Frauen genauso befördert und gefördert werden, wie es Männer sind, müssen die Instrumente des Personalmanagements gendersensibel gestaltet werden. Wichtig sind auch gendergemischte Beurteilungsteams, die die Auswahl und Beförderung sowie die Entlohnungspraxis für Frauen und Männer gleich gestalten. Dahingehend müssen die Personaler entsprechen geschult und sensibilisiert werden (vgl. Angst 2008, S. 137). Personaler und Führungskräfte sollten mit Konzepten wie Managing Diversity vertraut sein und es in ihren Unternehmen gezielt einsetzen. Das Ziel von Managing Diversity ist hauptsächlich die Umwandlung von monokulturellen Organisationen in Organisationen, die multikulturell sind und sich so durch Chancengleichheit auszeichnen (vgl Krell 2000, S. 108). Gertrude Krell schlägt vor, die gesamte Personalpolitik nach Diskriminierungspotential und Gleichstellungspotential zu untersuchen. Bei der Personalbeurteilung und Personalauswahl soll bewusst auf Gleichstellung geachtet und Diskriminierung vermieden werden. Die Führungskräfte, die meist männlich sind, sowie Personalverantwortliche müssen mittels Training sensibilisiert werden, um auf vorhandene Diskriminierungen zu achten und sich ihrer eigenen Vorurteile bewusst zu werden (vgl. Krell 2000, 109ff.). Um die unausgesprochene Frage nach Familienplanung und so die strukturellen Barrieren und die männlichen konservativen Mentalitätsmuster im Hinblick auf Frauen und Familie zu durchbrechen, sollen Personaler und Führungskräfte das Konzept der Work-Life-Balance in ihrem Unternehmen einführen. Work-Life-Balance heißt, sich von der Präsenz- und Vollzeitkultur abzuwenden, hin zu Teilzeit und flexiblen Arbeitszeiten und Arbeitsorten; sodass es keine Rolle mehr spielt, ob Frauen Kinder haben oder nicht, denn dank Work-Life-Balance haben sie die Möglichkeit, auch trotz Familie den gleichen Einsatz zu bringen, damit Unternehmen keine Nachteile entstehen (vgl. Bessing; Lukoschat 2008, S.28). Treffen Führungs- und Personalverantwortliche die Entscheidung, den Anteil der

Frauen in Spitzenpositionen zu steigern, haben sie somit etliche Möglichkeiten. Bei all den Konzepten und Maßnahmen ist es aber wesentlich, dass Führungskräfte und Personaler miteinander kooperieren und sich gegenseitig sowohl in der Personalauswahl wie auch in der Prägung der Unternehmenskultur unterstützen. Nur in der Zusammenarbeit kann die gläserne Decke Risse bekommen. Führungskräfte und Personalverantwortliche haben auch die Verantwortung, Frauen speziell zu stärken, indem sie Trainings- und Mentoring Programme sowie Seminare und Coaching speziell für Frauen anbieten (Angst 2008, S. 137f.).

7.5. Empowerment für Frauen

Es gibt genug fähige Frauen, die auch führen wollen. Jedoch werden sie unter anderem durch ihre Denkmuster und innere Einstellung und Barrieren in ihren Köpfen daran gehindert, die gläserne Decke durchzustoßen. Sie haben auch nach wie vor nur wenige Vorbilder, an denen sie sich orientieren können. Sie brauchen Mut, um die mehrfachen Barrieren aufzubrechen, die eigenen in ihren Köpfen, aber auch die der Männer und der Gesellschaft sowie der Unternehmenskulturen. Das erfordert Kraft und Einsatz, aber auch Unterstützung von außen (vgl. Schneider 2009, S. 207). Da Führung immer noch stark männlich konnotiert ist, fällt es Frauen schwer, ein eigenes authentisches Bild von Führung und ihren eigenen Führungsstil zu finden. Deshalb ist es wesentlich Frauen in ihrem Karrierevorhaben bewusst zu fördern. Laut Trix Angst bedarf es besonderer Maßnahmen, um die Denkmuster und Barrieren in den Köpfen von Frauen einzureißen. Mentoring, Coaching und Seminare sowie Training speziell für Frauen sind notwendig, um Frauen auf dem Weg an die Spitze zu unterstützen (vgl. Angst 2008, S. 134). Innere Barrieren, wie das Gefühl besonders fleißig oder perfekt sein zu müssen oder die Befürchtung hoch zu stapeln wenn man auf eigene Stärken hinweist, so wie das Bedürfnis nach Harmonie und das fehlende Selbstvertrauen können mit Unterstützung von außen viel leichter bewältigt werden. Auch im Hinblick auf personelle Barrieren können unterstützende Angebote den Frauen Orientierung bieten und ihnen helfen, die richtige Karrierestrategie zu finden. Jede Frau soll die Möglichkeit haben individuell und ihren Bedürfnissen entsprechend aus einem Angebot an Seminaren, Coaching, Mentoring und Training aussuchen zu können (Angst 2008, S. 136f.).

Frauen sind natürlich auch selbst in der Verantwortung die Angebote zu nützen und das dort Gelernte anzuwenden. Ergänzend zu den oben genannten Angeboten, sollen Frauen selbst Netzwerke gründen um sich gegenseitig zu stärken und zu unterstützen. Das Gründen und Pflegen von Netzwerken ist zwar eine Aufgabe, die mit viel Aufwand verbunden ist, jedoch gehört Networking zu einer Führungsposition dazu. Um in die Führungsebene zu gelangen sind Kommunikation, Austausch von Wissen und Meinungen entscheidend. Mit Hilfe von Netzwerken können Frauen ihr Bedürfnis nach Gruppenzugehörigkeit befriedigen, sich austauschen und sich Unterstützung für ihre Karriere bei ihren Geschlechtsgenossinnen holen. Die Elite in der Wirtschaft ist gegründet auf der Kultur eines persönlichen Networkings: so ist ein stabiles Netzwerk für Frauen, die die gläserne Decke durchbrechen möchten, unerlässlich (vgl. Heiß 2011, S. 159f.).

Das Fördern von Kompetenzen sowie das Einführen von Konzepten im Hinblick auf die Gleichstellung kann durchaus helfen, strukturelle, kulturelle und personelle Barrieren einzureißen. Auch die Barrieren, die in den Köpfen der Männer und in den Köpfen der Frauen entstehen und die gläserne Decke Realität werden lassen, können durch Sensibilisierungsmaßnahmen in Bezug auf die Genderproblematik im Zusammenwirken von genderneutralen Beurteilungssystemen und konkreten Schulungen, Coaching und Mentoring-Angeboten allmählich abgebaut werden. Um die vielen Schichten der gläsernen Decke im Einzelnen einzureißen, ist noch viel Geduld und Engagement erforderlich.

8. Fazit und Ausblick

Zusammenfassend kann die gläserne Decke durchaus als Realität in den Köpfen gesehen werden. Obwohl es auch die Meinung gibt, sie existiere nicht und sei nur ein Mythos, sprechen allein schon die Zahlen und Fakten dagegen. Betrachtet man die Anzahl der Frauen in Führungspositionen (vgl. Bischof-Köhler 2006, S. 39ff.) stellt man fest, dass noch viel getan werden muss, um behaupten zu können die Gleichstellung und Gleichberechtigung ist auch in der Privatwirtschaft angekommen. In der Literatur gibt es diverse Ansätze die das Phänomen der gläsernen Decke zu erklären versuchen. Es gibt Studien, welche die Ursachen, die dazu führen, dass Frauen im unteren und mittleren Management durchaus stark vertreten sind in den oberen Führungspositionen jedoch deutlich in der Unterzahl bleiben, untersuchen (vgl. Bultemeier et al. 2010; Wippermann 2010; Busch-Heizmann et al. 2015). Strukturelle, kulturelle und personelle Barrieren sind einer der Treiber der gläsernen Decke. Auf Grund von statistischer Diskriminierung und entsprechenden Arbeits- und Karrierestrukturen sowie stereotypen Zuschreibungen und der Geldkarriereorientierungen treffen Frauen auf Barrieren und Hindernisse, die ihnen den Weg in die Führungsebene versperren (vgl. Bultemeier et al 2010, S. 9ff.). Auch die Männer, die trotz der nach außen demonstrierten politischen Correctness immer noch in ihren Köpfen voller eingefahrener Mentalitätsmuster sind, lehnen Frauen an der Spitze ab. Sie bilden mit ihrer Einstellung und ihrem Verhalten eine weitere Schicht in der gläsernen Decke. Auch Frauen selbst haben es schwer ihre eigenen Erwartungen, Denkmuster und Glaubenssätze, die sie auf Grund ihrer Erziehung, Anlage und der gesellschaftlichen Sozialisation in sich tragen, über Bord zu werfen (vgl. Bischof-Köhler 2006, S. 39ff.). So bauen sie selbst an einer weiteren Schicht in der gläsernen Decke, indem sie zu Gunsten von Harmonie auf Selbstmarketing verzichten und mit Fleiß den Chef unterstützen anstatt sich strategisch zu platzieren (vgl. Henn 2009, S. 51f.; Rockstroh; Rockstroh 2011, S. 211ff.; Witzer 2015, S. 94ff.). Alle diese Barrieren und Schichten bedingen sich gegenseitig, verdichten und verzahnen sich. Sie werden zur Realität in den Köpfen der Gesellschaft der Männer und der Frauen. Das macht die gläserne Decke äußerst undurchlässig. Deshalb wird die gläserne Decke auch nicht von alleine verschwinden. Es erfordert Zeit, Engagement und konkrete Maßnahmen, die die strukturellen, kulturellen und personellen Barrieren aufzulösen helfen und die Einstellung der Männer und die Denkmuster der Frauen allmählich ändern. Die Politik hat die Privatwirtschaft mit der Frauenquote dazu gezwungen, sich mit der Thematik der Unterrepräsentanz der Frauen in Führungspositionen auseinanderzusetzen und so die Wahrnehmung der Gesellschaft auf die Problematik gelenkt (Gedamu et al. 2015, S. 3ff.). Jetzt sind Führungskräfte und Personalverantwortliche am Zug Veränderungsprozesse anzustoßen, die die Unternehmenskultur zu Gunsten der karrierewilligen Frauen ändern und Konzepte und Maßnahmen in ihren Unternehmen durchsetzen, welche die Mentalitätsmuster in den Köpfen der Männer allmählich auflösen und Frauen selbstbewusster machen. Frauen selbst müssen Eigeninitiative ergreifen. Sie müssen sich in Netzwerken organisieren und sich unter den wenigen Frauen, die bereits eine Führungsposition erreicht haben, Vorbilder suchen und die Angebote, die Frauen bewusst unterstützen, in Anspruch nehmen (vgl. Angst, 2008, S. 127ff.).

Mit der Anzahl der Frauen in Führungspositionen wird allmählich auch die Anzahl an Vorbildern für Frauen steigen. So werden immer mehr Frauen Orientierung und Mut finden, um doch eine Führungsposition anzustreben. Die Führungsebenen werden mit der Zeit nicht mehr so von Männern dominiert, viele der Unternehmen engagieren sich bereits für Frauen. Sie haben verstanden, dass das Potenzial der Frauen nicht ungenutzt gelassen werden kann. Die meisten Unternehmen gehen davon aus, dass gemischte Führungsteams die Unternehmen langfristig erfolgreicher machen (vgl. Armutat 2013, S. 3ff.). Es gilt für Frauen und Männer sich aktiv daran zu beteiligen, dass der begonnene Kulturwandel schnell voranschreitet (vgl. Bosch BFSFJ 2015). Die gläserne Decke bekommt so immer mehr Risse und eines Tage wird sie hoffentlich tatsächlich zu einem Mythos.

Literatur

Angst, Trix (2008): Frauen an die Spitze: So geht´s! http://www.trixangst.ch/dokumente/angst_keiser_spitze_2011.pdf, Stand 2008, letzter Abruf 13.07.2016

Alfermann, Dorothee (1993): Frauen in der Attributionsforschung: Die fleißige Lise und der kluge Hans, in Krell, Gertrude; Osterloh, Margit (Hrsg.): Personalpolitik aus Sicht der Frauen – Frauen aus Sicht der Personalpolitik. Mering: Hampp Verlag

Alfermann, Dorothee; Althensteadt, Ursula (2011): Geschlechterrollen und ihre Folgen: Eine sozialpsychologische Betrachtung, 1.Auflage. Stuttgart: Kohlhammer Verlag

Armutat, Sascha (2015): Frauen in Führungspositionen. DGFB – Studie, http://www.charta-der-vielfalt.de/fileadmin/user_upload/beispieldateien/Bilddateien/News/DGFP-Studie_zu_Frauen_in_Führungspositionen.pdf Stand 03.2015, letzter Abruf: 15.07.2016

Baitsch, Christof (2004): Familienbewusste Personalpolitik. Senat der freien und Hansastadt Hamburg. Behörde für soziales und Familie, http://www.hamburg.de/contentblob/118366/data/personalpolitik-5.pdf, Stand 11.2005, letzter Abruf: 21.06.2016

Bauer-Jelinek, Christine (2014): Warum eine Frauenquote für Top-Positionen niemandem nützt – vor allem nicht den qualifizierten Frauen, Global View, http://afa.at/globalview/2014-2.pdf , Stand 02.2014, letzter Abruf: 05.07.2016

Bessing, Nina; Lukoschat, Helga (Hrsg.) (2008) Führungskräfte und Familie. Wie Unternehmen Work-Life-Balance fördern können. Bundesministerium für Familie, Senioren, Frauen und Jugend, http://www.bmfsfj.de/RedaktionBMFSFJ/Broschuerenstelle/Pdf-Anlagen/F_C3_BChrungskr_C3_A4fte-und-Familiel-Leitfaden,property=pdf,bereich=bmfsfj,sprache=de,rwb=true.pdf , Stand 05.2008, letzter Abruf 09.05.2016

Bischof-Köhler, Doris (2011) Von Natur aus anders: Die Psychologie der Geschlechterunterschiede, 4. Auflage. Stuttgart: Kohlhammer Verlag

Bosch, Thomas (2015): Der Kulturwandel hat begonnen, Pressemitteilung des BFJFS, http://www.bmfsfj.de/BMFSFJ/Presse/pressemitteilungen,did=214676.html, Stand 03.2015, letzter Abruf: 15.07.2106

Bultemeier, Anja et al. (2010): Frauen in Karriere. Innovativer Forschungsansatz: Karrierechancen von Frauen im Unternehmen 2.0, http://www.isf-muenchen.de/pdf/frauen-in-karriere-arbeitspapier-1.pdf, Stand 07.2009, letzter Abruf: 21.06.2016

Busch-Heizmann et al. (2015): Führungskräfte Monitor, Update 2001-2013, Deutsches Institut für Wirtschaftsforschung (DIW) https://www.diw.de/documents/publikationen/73/diw_01.c.510264.de/diwkompakt_2 015-100.pdf , Stand 2015, letzter Abruf: 07.07.2015

Dick, Petra; Wunderer, Rolf (1997): Frauen im Management: Kompetenzen - Führungsstile – Führungsmodelle, München: Hermann Luchterhand Verlag

Esser et al. (2016): Frauenquote, Zeit Online, http://www.zeit.de/thema/frauenquote, Stand 07.2016, letzter Abruf: 13.07.2016
Funken, Christiane (2004): Geld statt Macht? Weibliche und männliche Karrieren im Vertrieb-eine organisationssoziologische Studie. Frankfurt/Main: Camus Verlag

Folini, Elena (2007): Das Ende der gläsernen Decke: Die Entwicklung der Geschlechtergleichstellung am Beispiel eines Dienstleistungsunternehmens. 1. Auflage. Bern: Haupt

Freisinger, Maria (2015) Frauen und Karriere, Karriere Spiegel Spiegelonline, http://www.spiegel.de/karriere/berufsleben/andrea-och-karrierefrau-gewinnt-machtpoker-a-1017628.html, Stand 03.2015, letzter Abruf: (07.07.2016)

Gawrich, Rolf; Topf, Cornelia (2012): Das führungsbuch für erfolgreiche Frauen, 6. Auflage. München: Redline Verlag

Gedamu, Jessica et al. (Hrsg.) (2015) Zielsicher mehr Frauen in Führung. Praxisleitfaden zum Gesetz. EAF Berlin, http://www.bmfsfj.de/RedaktionBMFSFJ/Abteilung4/Meldungen/Zielsicher-Mehr-

Frauen-in-
Fuehrungspositionen/praxisleitfaden,property=pdf,bereich=bmfsfj,sprache=de,rwb=t
rue.pdf, Stand 2015, letzter Abruf: 12.05.2016

Haber, Isabell et al. (2011): Frauen und Führung-Erfolgsgeschichten und
Stolpersteine in kleinen und mittleren Betrieben. Praxisbroschüre des
Forschungsprojektes „ENTER! Frauenkarrieren und Unternehmenskulturen"
http://www.enter-spitzenfrauen.net/meldung/items/26.html ,Stand 02.2011, letzter
Abruf: 14.07.2016

Heatherington, Laurie; Burns, Andrea; Gustafson, Timothy (1998): Sex Roles.
When Another Stumbles: Gender and Self-Presantation to Vulnerable others. New
York: Springer Verlag

Heiß, Marianne (2011): Yes she can. Die Zukunft des Managements ist weiblich.
München: Redline Verlag

Henn, Monika (2009): Die Kunst des Aufstiegs. Was FRaunein Führungspositionen
kennzeichnet. 2.Auflage. Frankfurt/Main: Campus Verlag

Hofbauer, Johanna (2004): Organisation und Netzwerke: Der Fall
Gender.1.Auflage. Wiesbaden: Verlag für Sozialwissenschaften

Jahn, Alexander (2015): Hintergrund: Gleichberechtigung und Chancengleichheit,
Stiftung Jugend und Bildung, http://www.sozialpolitik.com/artikel/hintergrund-
gleichberechtigung-und-chancengleichheit ,Stand 07.2015, letzter Abruf:
05.07.2016

Kaminski, Marion; Rupprecht-Stroell Birgit (1997): Fleißige Frauen arbeiten – kluge
machen Karriere. Alles ist möglich, München: Wirtschaftsverlag langen

Keindorf, Sophie; Haber Isabel (2010): ENTER! Frauenkarrieren und
Unternehmenskultur. Ziele, Herangehensweise, Ergebnisse. Vortrags- skript für die
Tagung „Fit für die Zukunft – Frauenkarrieren in Unter- nehmen" des
Bundesministeriums für Bildung und Forschung vom 18./19.11.2010 in Berlin.
http://www.dlr.de/pt/Portaldata/45/Resources/a_dokumente/cg/BMBF_2011_Frauen
karrieren-in-Unternehmen.pdf, Stand 11.2010, letzter Abruf: 13.107.2016

Kempgens, Karla (Hrsg.) (2010): Frauen und Karriere. Chancen und Risiken für
Frauen in modernen Unternehmen. Arbeitspapier. Institut für Sozialwirtschaftliche
Forschung e.V. - ISF München http://www.isf-muenchen.de/pdf/frauen-in-karriere-
arbeitspapier-1.pdf, Stand: 07.2009, letzter Abruf: 15.06.2016

Krell, Gertrude (2000): Optionen für (mehr) Frauen in Führungspositionen. In: Peters Sibylle; Peters, Norbert (Hrsg.): Frauen und Männer im Management. Diversity in Diskurs und Praxis. Wiesbaden: Betriebswirtschaftlicher Verlag Dr. Th. Gabler GmbH

Krumpholz, Doris (2004): Einsame Spitze: Frauen in Organisationen. 1.Auflage. Wiesbaden: VS Verlag für Sozialwissenschaften

Küne-Eisendele, Margit (2006): Supervision und Coaching mit weiblichen Führungskräften. Eine Strategie wider die Einsamkeit. Saarbrücken: VDM Verlag Dr. Müller

Müller, Sebastian (2015): Mythos der „Gläsernen Decke", https://le-bohemien.net/2015/02/19/frauenquote-mythos-der-glaesernen-decke/ Stand: 02.2015, letzter Abruf: 01.07.2016

Neuberger, Oswald (2002): Führen und führen lassen: Ansätze, Ergebnisse und Kritik der Führungsforschung. Stuttgart: Lucius & Lucius

Odgers Brendtson (2015): Weibliche Führungskräfte sind genauso ehrgeizig wie männliche, Manager Barometer, http://www.odgersberndtson.com/de-de/insights/weibliche-führungskräfte-sind-ebenso-ehrgeizig-wie-männliche, Stand 03.2015, letzter Abruf: 05.07.20167

Ohlendieck, Lutz (2003): Die Anatomie des Glashauses: ein Beitrag zum Verständnis des Glass-Ceiling-Phänomens, Wiesbaden: Westdeutscher Verlag

Pinker, Susan (2008): Begabte Mädchen, schwierige Jungs. Der wahre Unterschied zwischen Männern und Frauen. München: Verlagsgruppe Random House

Quack, Sigrid (1997): Karrieren im Glaspalast: weibliche Führungskräfte in europäischen Banken. Wissenschaftszentrum Berlin für Sozialforschung, http://www.ssoar.info/ssoar/bitstream/handle/document/12850/ssoar-1997-quack-karrieren_im_glaspalast.pdf?sequence=1, Stand 11.1997, letzter Abruf: 21.06.2016

Rockstroh, Bärbel; Rockstroh, Sebastian (2010): Erfolg in Sicht. Selbstcoaching: Frauen und Karriere, 1.Auflage. Weinheim: Wiley-VCH & Co.KGaA

Rosenberg, Marshall B. (2005): Gewaltfreie Kommunikation. Eine Sprache des Lebens; gestalten Sie Ihr Leben, Ihre Beziehungen und Ihre Welt in Übereinstimmung mit Ihren Werten. Paderborn: Junfermann Verlag

Schaufler, Birgit (2000): Frauen in Führung! Von Kompetenzen die erkannt und genutzt werden wollen. 1.Auflsge: Bern: Hans Huber Verlag

Schneider, Barbara (2009): Fleißige Frauen arbeiten, schlaue steigen auf. Wie Frauen in Führung gehen, Ofenbach: Gabal Verlag

Schulz von Thun, Friedemann; (2003-2008): Miteinander reden 1-3. Reinbek bei Hamburg: Rowohlt Taschenbuch Verlag

Statistisches Bundesamt (2016): Bildung, Forschung, Kultur, Frauenanteile Akademische   Laufbahn, https://www.destatis.de/DE/ZahlenFakten/GesellschaftStaat/BildungForschungKultu r/Hochschulen/Tabellen/FrauenanteileAkademischeLaufbahn.html,Stand   2016, letzter Abruf: 05.07.2016

Stürzer, Monika (2005) Bildung, Ausbildung und Weiterbildung. Komentierter Datenreport zu Gleichstellung von Frauen und Männern on der Bundesrepublik Detuschladn. Bundesministerium für Familie Senioren Frauen und Jugend, http://www.bmfsfj.de/doku/Publikationen/genderreport/01-Redaktion/PDF-Anlagen/kapitel-eins%2cproperty%3dpdf%2cbereich%3dgenderreport%2csprache%3dde%2crwb% 3dtrue.pdf , Stand 11.2005, letzter Abruf: 21.06.2016

Wanger, Susanne (2015): Frauen und Männer am Arbeitsmarkt Traditionelle Erwerbs- und Arbeitszeitmuster sind nach wie vor verbreitet. IAB Kurzbericht. Aktuelle Analysen aus dem Institut für Arbeitsmarkt und Berufsforschung http://doku.iab.de/kurzber/2015/kb0415.pdf,Stand:04.2015,   letzter   Abruf: 16.06.2016

Wieser, Wolfgang (1997): Biologie oder Soziologie? Diskussion über das menschliche Verhalten. In: Universitas. Deutsche Ausgabe 52

Wippermann, Carsten (Hrsg.) (2010) Frauen in Führungspositionen. Barrieren und Brücken. Sinus Sociovision. Bundesministerium für Familien, Senioren, Frauen und Jugend,   http://www.bmfsfj.de/RedaktionBMFSFJ/Broschuerenstelle/Pdf-Anlagen/frauen-in-f_C3_BChrungspositionen-deutsch,property=pdf,bereich=bmfsfj,sprache=de,rwb=true.pdf,   Stand   03.2010, letzter Abruf: 15.06.2016

Witzer, Brigitte (2015): Die Fleißlüge. Warum Frauen im Hamsterrad landen und Männer im Vorstand. München: Ariston Verlag in der Verlagsgruppe Random House GmbH

Young, Valerie (2011): The secrets thoughts of succesfull Women. Why capable people suffer from the impostor synsdrome and how to thrive inspite of it. New York: Crown publishing group.

o.a. (2009): Unter der gläsernen Decke: Frauen an der Wirtschaftsspitze sind selten, Tvonline, http://www.n-tv.de/wirtschaft/Frauen-an-der-Wirtschaftsspitze-sind-selten-article485952.html, Stand 09.2009, letzter Abruf: 07.07.2016

9 783668 316447